収益力を高める 「経営のツボ」

これだけ！ノート

経営ジャーナリスト

疋田文明
Hikita Fumiaki

アニモ出版

プロローグ
収益力を高めない限り、生き残れない時代。
「社員を大切にする経営」で収益力を高めよう！

　フリーランスの立場で、経営の現場を取材する一方で、経営を担う人たちと自身の自己研鑽の場として「**元気塾**」を30年近く主宰してきた。

　この間一貫して、客観的な立場で日本企業を観察してきた筆者が、いま痛感しているのは、企業を取り巻く環境が、厳しくなるばかりということだ。

　物価の上昇、給与水準の引き上げと人手不足に苦しむ企業が増えてきている。こうした状況のなかで生き残るためには、**収益力を高める**しかない、と断言していいだろう。

　では、どうすれば収益力は高くなるのか。

　筆者は、経済が停滞していた2003年に上梓した『元気な会社の元気な経営』に、「社員を豊かにすれば企業は元気になる」の見出しで、大意、次のように書いた。

　「オーナーでもない社員が、なぜ経営者の厳しい要求に応えて頑張ってくれるのか。それは業績が伸びれば、自分も豊かになれることを実感したときだと思う。現に、厳しい状況のなかでも業績のいい会社に共通するのは、トップが社員を豊かにしたいとの思いをもち、社員がそれを理解して頑張っているところだ」

　その事例として、藤田田率いる「日本マクドナルド」と、「フォード」創業者ヘンリー・フォードの「繁栄分配計画」を取り上げた。

　藤田は、「明治以降の資本主義では、社長ばかりが金持ちに

なろうとしていて、社員を金持ちにしようとした企業は少ない。これはおかしいと思いますよ」といい、自社の給与を日本では最高水準に設定していた。

「繁栄分配計画」とは、「より高い賃金を出せば、その金はどこかで使われ、ほかの分野の商店主や卸売り業者や製造者、それに労働者の繁栄につながり、それがまた我々の売上に反映される。全国規模の高賃金は全国規模の繁栄をもたらす」(『アメリカン・ドリームの奇跡』)というものだが、ヘンリー・フォードは、こうした考えから1914年に、1日の労働時間を9時間から8時間に減らし、日給を2ドル34セントから5ドルに上げたのだが、これが最高の経費削減策だったと振り返っている。

社員を豊かにすれば、景気が回復するだけでなく、自社も豊かになれるのだから、これほどいいことはないと、20年前に指摘したのだが、現実は違った。その後も、日本の給与水準は横ばいで推移してきた。ただ、ここ2、3年、賃金は上がりつつあるが、今回の賃上げでは、企業は豊かになるとは思えない。なぜなら、政府主導の防衛的な賃上げでは、社員は会社のために頑張ろうと考えないからだ。

藤田田、ヘンリー・フォードは、誰にいわれるでもなく、自らの考えで賃金を引き上げている。だからこそ、社員は意気に感じて会社のために力を発揮してくれたのだ。

筆者が、「社員を豊かにすれば…」と書いた20年前といまはまったく状況が違う。給与水準を引き上げないと人は集まらないから、賃上げしているようでは、従業員の士気が高まるとは思えない。現状の利益水準のままでの賃上げは、人件費比率が高まるばかりで、経営は圧迫されてしまう。

そうならないためには、**労働生産性を高める**しかないのだが、

日本企業の労働生産性は、実に低い。

日本生産性本部が発表しているＯＥＣＤ加盟国の労働生産性比較では、日本は加盟34か国中21位と低く、製造業はアメリカの69.7％、卸売・小売業は38.4％と、比較するのも恥ずかしいぐらいの水準にある。

従来、日本の製造業は、生産性が高いとされてきた。しかし、それは自動車産業などごく一部の業種に過ぎない。日本の製造業の生産性が世界一だったのは、2000年までで、2015年には15位にまで落ち込んでいる。

生産性が低いということは、イコール収益力が低いということになる。結果、日本企業の多くは、給料を上げることができずにきた。日本人の平均賃金は、ＯＥＣＤ加盟国で22番目、韓国の９割強の水準にまで落ち込んでいる。

こうした数値指標は、あくまでも平均にすぎず、平均以上の好業績の企業も多くある。しかし、日本経済そのものは弱体化していることは間違いのない事実だ。最近では、日本を衰退途上国と指摘する識者もいるぐらいだ。

なぜ、ここまで衰退してしまったのか。

バブル崩壊までの日本企業は、少なからず成長していた。高度成長期とバブル崩壊後で、日本人の能力が落ちてしまったのか。決してそんなことはない。能力に差がないのに、なぜ、成長しないのか？

それは、**社員が持てる能力を発揮していない**からだというしかない。

日本人ビジネスパーソンのやる気のなさは、これまたデータが如実に示している。

雑誌「プレジデント」の2006年７月号に、日本を含めたアジ

アと欧米の16か国のサラリーマンを対象に実施した、興味深いアンケート調査の結果が報告されていた。

「あなたは非常に意欲的に仕事をしていますか」の問いにＹＥＳと答えた日本のサラリーマンは２％にすぎず、16か国中ダントツの低さだった。日本人はシャイだから、自分から「意欲的」と答えないのではないかとの見方もあるだろうが、そうともいえない。第三者機関が匿名で実施したアンケートだけに、気をつかう必要もないのだ。それだけに、このパーセンテージの低さは気にかかる。

もっと気になるデータもある。

アメリカのギャロップ社の2024年の調査によると、日本の従業員で、熱意あふれる人は６％、やる気がない人が70％、足を引っ張る人が24％だったという結果が報告されている。熱意あふれる人の割合の少なさは、なんと調査対象139か国中132位で、ダントツの低さだった。

やる気がない、熱意がない状態では、仕事に積極的に取り組むわけがないのだから、生産性が高くなるわけはない。とするなら、収益力を高めるためには、やる気のある社員、熱意あふれる社員を、ひとりでも多く増やすしかないのだ。

そうした視点から考えれば、生産性を高めたいと願う企業が優先的に取り組まないといけないのは、**「社員を大切にする経営」**だと、私は考えている。なぜなら、社員のモチベーションが低く、熱意がないのは、社員を大切にしなかった結果だからだ。

では、どうすればいいのか？

筆者は、**「社員が楽しく働ける、働きやすい職場環境」**づくりから始めればいいと考えている。

そんなことで生産性が高くなるとは思えない。もっと即効性

のある打つ手はないのか？　といわれるかもしれないが、そんなことはない。これが一番の近道なのだ。その理由は、本書をお読みいただければご理解いただけるはずだ。

　どんな優良な企業にも課題はいくつもある。
　それらの課題すべてに取り組むと、いくら人手と時間があっても足りない。
　そこで、重要になってくるのが、**「優先順位」を決める**ことだ。

　本書では、日本企業が、優先的に解決しないといけない課題を取り上げ、筆者の考える解決策を明示した。
　40年近くの取材体験と、読み漁った本から得た知識がベースになっているが、私の経験、知識などは高がしれている。私自身、経営の分野においても知らないことのほうが多いことは、十分自覚している。
　しかし、ここを押さえておけば企業が健康体になる「ツボ」は見えてきたと思っている。
　読んでほしいのは、経営幹部だけではない、部下をひとりでも持ち、組織をリードする立場にいる人たちだ。いまは、部下はいなくても、会社内でいい仕事をしたい人たち、起業を考えている人にも、お役に立てると自負している。

　2025年３月　　　　　　　経営ジャーナリスト　疋田　文明

収益力を高める「経営のツボ」これだけ！ノート ◎ もくじ

プロローグ ──────────────── 2
収益力を高めない限り、生き残れない時代。
「社員を大切にする経営」で収益力を高めよう！

第**1**章
組織の盛衰はリーダーで決まる

1-1 組織を隆盛に導けるリーダー像 ─────── 16
◉よい影響を与えて導くことで組織は活性化する

1 人間的魅力がある　18
（経営のツボ）魅力あるリーダーに人はついていく。
- ◉「人望」はリーダー選出の絶対条件
- ◉リーダーにも欠点があってかまわない
- ◉実績を残す経営者には人間としての魅力がある

2 決断力がある　23
（経営のツボ）決断力のないリーダーに人はついてこない。
- ◉「捨てる勇気」があるか
- ◉「トレードオフ」を意識する
- ◉「利・害」両面から考える

CONTENTS

③ 人間洞察力がある　26

経営のツボ　感覚を全開して、相手の話に耳を傾け、行動を観察する。

◉相手の本質を見抜くにはどうする？

④ 人を用いる力が優れている　28

経営のツボ　人を大切にしないと事業は伸びない。

◉同じタイプの人間を集めない

◉長所を活かして短所は捨てる

⑤ より多くの人間の話に耳を傾ける　33

経営のツボ　リーダーが伸ばさないといけないのは、
　　　　　　　　　人の話を聞く能力。

◉優良なリーダーは聴く耳をもっている

⑥ 度量が大きい　36

経営のツボ　度量がなければ人の能力は活かせない。

◉大事を成し遂げる人は心が広い

⑦ 観察力が優れている　39

経営のツボ　経営力の基盤は観察力。

◉変化対応能力を身につける

◉あらゆることの基になるのが観察力

⑧ 心の知能指数が高い　43

経営のツボ　才能よりも心の知能指数が大事。

◉「高いＩＱ」よりも「高い心の知能指数」（ＥＱ）

◉いかに怒りをコントロールするか

⑨ 忍耐力がある　46

経営のツボ　成功、失敗のいずれにも忍耐力が大きく関与。

◉我慢することの大切さ

◉成功も失敗も「忍耐力」が大きく関与している

1-2 リーダーが罹患してはならない"症候群" ———— 49

1 傲慢症候群　50

経営のツボ 傲慢なリーダーが率いる組織は滅亡する。

◉傲慢は一種の病気である

◉「グレートマン症候群」という症状もある

2 サクセス症候群　52

経営のツボ 成功体験がもたらす衰退。

◉なぜ隆盛を誇った企業が衰退するのか

◉創業後は勢いだけでは生き残れない

◉成功した後の新商品開発こそ重要

3 完璧主義症候群　55

経営のツボ 完璧主義からは何も生み出せない。

◉100点満点でなくてもよい

4 現状維持症候群　57

経営のツボ リスクをとらないことが最大のリスク。

◉失敗を厳しく罰すると企業の活力低下につながる

◉現状維持は衰退を意味する

◉失敗を恐れてチャレンジしないのが一番のリスク

5 管理過剰症候群　60

経営のツボ 管理過剰は組織を衰退させる。

◉優秀な管理部門ほど、「必ず制多し」となってしまう

◉管理職はつくらない!?

CONTENTS

1-3 リーダーの仕事 ——————————————— 63

① 戦略を決める　64

経営のツボ 何をやるのか、何をやらないのかを決めるのが戦略。

- ◉戦略とは二者択一の意思決定
- ◉戦略は行動に移さなければ意味がない
- ◉意図的戦略と創発的戦略

② 全体最適システムを構築する　69

経営のツボ 部分最適の組み合わせは全体最適にはならない。

- ◉全体最適のために相手の立場に立って考える
- ◉自社ならではのしくみを構築する

第2章

人を育て、組織力を鍛える

2-1 人材育成なくして成長なし ——————————— 74

経営のツボ 任せることで人は育つ。

- ◉仕事は自分でやったほうが早い？
- ◉仕事を任せた上司を評価する

経営のツボ 自ら考え、自ら行動する社員を育てる。

- ◉指示待ち社員には指示しない
- ◉考える社員を育てるには質問を投げかける
- ◉優良な経営者は質問上手

経営のツボ 「継続学習」が「無限の知恵」の源泉になる。

- ◉「知恵」が競争力の源泉になる

◉仕事を通じて身につく実践的知識

経営のツボ 知恵をだす技術を身につける。

　◉3つの思考する技術

経営のツボ 失敗から学ぶ。

　◉成功を手にする人は失敗から学んでいる

経営のツボ 歴史（古典）から学ぶ。

　◉中国古典などの教えには経営に通じるものがある

　◉歴史を学べば未来まで予測できる

　◉歴史は人間の本質を学ぶこともできる

2-2 組織力を鍛える ——————————————— 96

経営のツボ チームプレーで収益力を高める。

　◉チーム力を高めてスピーディに仕事を遂行する

　◉チームプレー＝和気あいあい・仲良くではない

　◉日本の評価制度に問題がある

　◉「社会的手抜き」に気をつけろ

　◉「心理的安全性」は確保されているか

経営のツボ 下達上通型の組織をつくろう！

　◉上意下達でも下意上達でもない

　◉コミュニケーションの上手なとり方

経営のツボ 「腐ったリンゴ」が組織の活力を削ぐ。

　◉従業員を腐らせないことを考える

　◉「腐ったリンゴ」が周囲に影響を与えていないか

経営のツボ 現場力を引き出す究極の策。

　◉中間管理職が変わらなければ組織は変わらない

　◉中間管理職は廃止したら？

CONTENTS

◉「同心円」型の組織とは

◉人間性が発揮できる組織とは

◉さらに進化した組織とは

コラム 「これだけ手帳」の思い出　120

第3章
収益力を高める「ツボ」

3-1 企業の役割は「富の創造」————————122

◉企業の役割とはなにか？

経営のツボ 「やる気を阻害する上司」を排除し、「適切な
情報を提供」すれば、現場は活きる。

◉なぜ利益率が低く、社員は能力を発揮しないのか

◉上司が部下のやる気を削いでいる

◉部下を持つ管理職の意識改革が必要

3-2 「社員を大切にする会社」になれば、収益力は高まる — 127

◉社員を大切にしているリーダーがどれだけいるか

経営のツボ 社員は「宝」とはいうが…。

◉心の底から社員を大切にすることを実践しているか

経営のツボ 「楽しい」職場環境をつくる。

◉「楽しい職場づくり」に取り組む

◉「働きやすい職場」づくりにも取り組む

経営のツボ 会社は、「従業員満足度」を高めることを優先させるべき。

●従業員満足度と顧客満足度のどちらを優先させるか

●だから従業員満足度を高めることを優先させよう

3-3 収益力を高めるための具体的手法 ———— 138

経営のツボ 経営の目的が「利益」では、継続に必要な
「費用」は確保できない。

●利益とは、事業を続けるための費用である

●中国古典に学ぶ利益との向き合い方

経営のツボ 現場基点で生産性向上に取り組む。

●課題の解決は現場に任せればいい

●生産性を高めるために優先して取り組むべきこと

●小さな休憩をとって生産性を高める

経営のツボ 顧客基点で売上を伸ばす。

●売上を伸ばすにはどうしたらよいか

経営のツボ 心理学・行動経済学の知見を活かして売上を伸ばす。

●人間の本質を研究する学問が進化している

3-4 事業構造を改革すれば利益率は高くなる ———— 174

経営のツボ 事業構造を改革する手順を知っておく。

●事業構造を改革する際の３つの方法

1 **不採算事業から撤退する** 176

経営のツボ 赤字を生み出す事業からの撤退には躊躇をしない。

●利益率を圧迫する不採算事業の存在

CONTENTS

2 既存事業の改善で利益率を高める　179

経営のツボ　存続に必要な利益が確保できるのなら、
　　　　　　　価格交渉に取り組む。

●採算性のいい事業を深掘りする

3 攻めの経営で、新しい事業の柱を立てる　181

経営のツボ　得手の分野を深掘りすれば、新しい事業の
　　　　　　　タネも見つかる。

●顧客が喜ぶ事業に進出する

●ライバル企業と対象顧客を研究する

エピローグ ——————————————— 185

なぜ、優良企業が衰退するのか？
組織をダメにする「ツボ」に落ちてはならない！

カバーデザイン◎水野敬一
本文デザイン＆ＤＴＰ◎伊藤加寿美（一企画）

第1章

組織の盛衰はリーダーで決まる

理想のリーダー像と罹患してはならない"症候群"をあげてみました。

組織を隆盛に導けるリーダー像

1-1

●よい影響を与えて導くことで組織は活性化する

　優秀な人材が揃っていても、リーダーに人を得ないと組織は発展しない。逆に、人材が不足していると思える組織でも、優良なリーダーが率いれば発展できる。**組織の盛衰は、リーダーで決まる**ことは歴史を見れば明らかだ。

　帝王学の書とされる『貞観政要』（じょうがんせいよう）に、「昔の理想とされたリーダーたちは、前の悪い時代の人民を残らず取り替えて治めたわけではではありません。そのときの人民を教化する、そのやり方いかんにあるだけです」と、側近の魏徴（ぎちょう）が太宗（唐の二代目皇帝）に語ったとの記述がある。

　歴史上、弱体化していた組織を再生したリーダーたちは、魏徴の指摘にあるように、民や部下を入れ替えたわけではない。教化、すなわち、よい影響を与えて導くことで組織を活性化したのだ

　日本にも先例がある。恩田木工（おんだ・もく：信州松代藩家老）、上杉鷹山（米沢藩藩主）、二宮金次郎（相模小田原藩出身の農民・農政家）は、それぞれ立場は異なるが、いずれも江戸時代に疲弊した地域の再生に成功している。この３人も共通するのは、民を入れ替えず、意識改革によって蘇らせたところだ。

　最たる例として、恩田木工をあげたい。恩田は、藩政改革を

任されたとき領民に、「これまで役人たちが悪いことをしたのであれば、それをしたためて密書（護符）の形で差し出してほしい」（『日暮硯』）と、申し出ている。この言葉を聞いた老職以下の幹部は顔色を変えたという。

差し出された密書には、役人たちの悪事が書き連ねられていた。これを見せられた殿様・真田幸宏が木工に、どのように処分するのかを聞いたところ木工は、「これらの者は、どちらにもつくタイプ。良き人が使えば良くなり、悪人が使えば悪しくなるものです。死罪に相当する悪事をしているが、これほどのことができるのは器量があってのことです。その器量を使えば、ひとかどの御用に立ちます」（『日暮硯』）と答えている。

殿様は、悪事を働いた役人たちを呼び出し、咎めることはなく、以後、木工を手伝って藩政改革に取り組むことを命じた。厳しい処分を覚悟していた役人たちは、みな感心し、木工の羽翼となって改革に励んだという。

いかに木工が有能であっても、一人の力では改革は成し遂げられない。木工は、過去を問わず、器量のある役人たちを、上手くリードすることで松代藩の再生に成功したのだ。

ところが、組織を束ねるトップの多くが、人材がいないと嘆くが、本当にそうなのだろうか。魏徴が指摘するように、リードのしかたが間違っていたから、持てる能力を発揮する人材が出てこないと考えるべきだろう。

どのようなタイプのリーダーに人はついていくのだろうか。組織を隆盛に導けるリーダー像を以下にまとめてみた。

① 人間的魅力がある

経営のツボ

魅力あるリーダーに人はついていく。

● 「人望」はリーダー選出の絶対条件

　一般的に、日本で理想とされるリーダーは、人望のある人だ。作家の山本七平は、「日本社会では、『人望』は絶対的条件になる。ダメだな、あの人には人望がない、と言われれば前途はない。ゆえに人望はリーダー選出の絶対条件になる。人気はあっても人望のない人間がいるが、そんな人間がリーダーになった組織は危うい」（『人望の研究』）と指摘している。

　「人望」とはいうが、単純には「この人についていきたい」と思われる人になることだと考えればいいだろう。山本は、人望のあるのは、儒教でいうところの「仁・義・礼・知・信」のある人だといい、それぞれを次のように解説している。

　「仁」とは愛すること。
　「義」とは正しいことをすること。
　「礼」とは筋道を立てること。
　「知」とは何が正しいか、何が悪いかを判断できること。
　「信」とは約束を守ること。

　上記の５つをすべて身につけることが理想だが、まずは「正しいことをする」ことと「約束を守る」ことをふだんから心がければ、人はついてきてくれるはずだ。「仁・礼・知」については、少なくとも、それらが欠けていると思われることだけは

18

避けないといけない。

●リーダーにも欠点があってかまわない

筆者は、完璧な人間などいないのだから、リーダーにも欠点があってもいいと考えている。少しばかり欠点があったほうが、人間としては魅力がある。

中国古典、とりわけ儒教系の本には、指導者層に対して厳格な教えが説かれているように思われるかもしれないが、決してそんなことはない。どんな人間にも長所と短所があることを認めたうえで、人物評価においては、寛容なところがけっこうある。

春秋時代（紀元前770〜前403年）に、最初に覇王（諸侯のトップ）になった、斉の桓公（かんこう）と臣下の管仲（かんちゅう）の問答が示唆に富んでいる。

桓公は管仲に、「私の身には、狩猟が好き、酒が好きで昼も夜も飲み続ける、色を好むという、大きな３つの邪悪がある。それでもなお国を治めることができるであろうか」（『管子』）と、訊いたことがある。管仲の答えは、以下のようなものだった。

「たしかに悪いに違いありません。しかしながら、悪いといってもそれほどひどいものではありません。人の上に立つ君主にとっては、ただ、人物を見抜くことができないことと、ぐずぐずためらうことだけがいけないことなのです。人物を見抜くことができなければ、人から見離され、ためらっていれば、事を行なうのに間に合わないのです」

管仲は、リーダーに求められる重要な資質を、人物を見抜く洞察力と決断力だと考えていたようで、この２つが備わっている桓公は、それほどひどいものではないと答えたのだ。

19

お釈迦様も完全な人間はいないと指摘している。法句経（釈迦が入滅後最初にまとめられた経典）に「ただ誹（そし）られるだけの人、また、ただ褒められるだけの人は、過去にもいなかったし、未来にもいないであろう、現在にもいない」とある。昔も今も未来も、いずれの世にも、完全無欠な人間は存在しないようだ。

　中国の歴史上、稀代の名君として名を残す、唐の二代目皇帝太宗にも欠点はあった。『貞観政要』の著者、呉兢は「太宗は欠点も多く、多くの過ちを犯した人」と前置きしたうえで、「太宗の美点は、自己の欠点をよく知り、諫臣の言葉をよく入れて、改めるべきことは速やかに改め、その直言を少しも怒らず、感情を害することもなく、逆に、直言してくれた者に必ず報奨を与えた」と、その人となりを分析している。

　コーチングの神様の異名をもつ、アメリカのマーシャル・ゴールドスミスは、「自らの短所（欠点）を受け入れ、よくなろうと決意することが重要」（『コーチングの神様が教える「できる人」の法則』）だと、最初にアドバイスし、それを受け入れた者にだけコーチするという。太宗の明君たる所以は、短所を受け入れ、改める努力をしたところにあると理解したい。
　また、『「人の上に立つ」ために本当に大切なこと』の著者ジョン・マクスウェルは、「才能豊かな人たちが一定レベルの成功を収めた後、突然鳴かず飛ばずになってしまうのを見たことがあるだろう。その現象を解くカギは人格にある」と、書いている。
　才能があれば、一定レベルの成功は手にできるが、人間として魅力がなければ、昇進を重ねるにつれて、嫌われ者になって

いく、と理解すればいいだろう。

●実績を残す経営者には人間としての魅力がある

これまで、多くの経営者を取材してきた。取材対象は、基本的に編集者が選ぶので、それぞれ評価の高い経営者だ。

たしかに、稼ぐことに長けた経営者が大半だったが、人間としては好きになれないな、と思うタイプも意外に多かった。実績を残す経営者にも欠点があって当然だが、人間として魅力がなければ、組織を持続的に発展させられないことは、歴史が証明している。

筆者が「魅力がある」と感じた経営者は何人かいるが、最も印象に残っているのは、「本田技研工業」創業者の本田宗一郎と日本マクドナルド創業者の藤田田の二人だ。

二人とも、厳しい要求をする経営者だったが、社員からは「親父さん」と呼ばれて、慕われていた。本田は、昼休みの休憩時間には、「社員と一勝負100円の賭け将棋をしょっちゅうやっていた」と聞く。藤田については、ある社員から「藤田は身近な存在です。仕事はけっこうきついですが、やらされているという思いはありません。うちの社長は魅力ありますよ」と、直接聞いたことがある。

いまひとり魅力的だなと感じた経営者に、アメリカの超優良航空会社「サウスウエスト航空」（ＳＷＡ）の創業者の一人ハーブ・ケレハーがいる。ケレハーについては、本で読んだだけだが、その魅力は十分に伝わってきた。

ＳＷＡは、業界最低の運賃で顧客を獲得し、業界最高の給与を支払いながらも好業績をあげている「破天荒」（同社を取り

上げた本のタイトル）な会社だが、ケレハーも破天荒な経営者だ。

自身、「常識破りの航空会社には、常識破りのリーダーが必要だ」といい、常軌を逸したと思われるような行動も抑えることはなかった。

1日に5箱のタバコを吸い、ワイルドターキーを飲み、仕事中に下品な冗談をいうことをやめない。会社の催しにエルビス・プレスリーに扮して出てきて、従業員に下品な歌を聞かせることもあった。

一方でケレハーは、成功をひたすら追い求め、夜は4時間しか眠らず、本、とくに歴史書をよく読み、そこからリーダーシップを学んでいたというようなストイックな側面もあるという。

2 決断力がある

> **経営のツボ**
>
> 決断力のないリーダーに人はついてこない。

● 「捨てる勇気」があるか

　孫子は、「軍（組織）を統率するにあたっては、何より優柔不断を排すべきである」と指摘しているが、決断できるリーダーと、できないリーダーの違いはどこにあるのか。それは、「捨てる勇気」があるかどうかだ。

　「ユニクロ」と「アップル」を例に説明したい。ユニクロの場合、1998年の原宿店オープンまでは「ナイキ」「アディダス」等々の有名ブランド商品も販売していた。人気商品ではあったが、仕入れて売っていたのでは、利幅もとれないし、他社も売っているので競争優位性につながらない。

　また、そうした商品に頼っていたのでは、目標の「ＳＰＡ」（製造小売業）企業になりきれない。そこで、創業者の柳井正は、原宿店出店を機に、他社製品を捨て、自社の商品のみの販売にカジを切り替えたのだ。

　1997年、危機に陥ったアップルの再生を託されたジョブズは、それまで15あったデスクトップ機をたった1機種に削減した。多数あったノートパソコンも1機種に絞り込み、プリンターと周辺機器はすべて切り捨て、さらに販売店も1系列にしたことで、見事再生に成功している。

　柳井、ジョブズともに、「捨てる」という決断をしたことで、

第1章　組織の盛衰はリーダーで決まる

23

組織を飛躍させたといえる。筆者の見る限り、決断のできる経営トップは、例外なく「捨てる勇気」のある人だ。

●「トレードオフ」を意識する

何かを捨てる決断をすると、目先では売上が減少する可能性がある。上記の2社の場合、切り捨てた製品の売上はなくなる。このとき、売上を捨てる勇気があるかどうか、なのだ。

本来、決断とは二者択一の意思決定で、「何をやるのか、何をやらないか」を決めることなのだが、どうしても「何をやるのか」のほうに、意識がいってしまうようだ。結果として、やるべきことが増えるばかりで、決断できずにいると思える。

決断するときに、リーダーに意識してほしい言葉がある。それは「トレードオフ」だ。トレードオフとは、何かを達成するためには、何かを犠牲にしなければならないということで、何かを選ぶことは、何かを捨てることを意味している。

何かを捨てようとすれば、どこかに迷惑がかかってしまうことが往々にしてある。そこを躊躇して、決断できない指導者が多いように見受けられる。

●「利・害」両面から考える

いまひとつ、決断するときに意識してほしいことがある。それは、「利・害」両面から考えるということだ。

孫子は、「知恵の働く者は、必ず利・害の両面をあわせ考える。利益になることを考えるときには、害の面も同時に考えれば、その仕事はきっと順調にすすむ。害になることを考える場合にも、利益の面をあわせ考えるから、その心配ごとも解消するのである」といっている。

どんなに優れていると思える決断でも、プラスの裏には、必

24

ずマイナスがある。決断するときに、利益の面ばかりに目を奪われていると危機に陥りかねないということだ。

つねに利・害の両面を考えることでリスクは低くなると考えたい。また、その決断によって、大きな成果を手にしたとしても、時間とともに、害が利を上回るようになってくるものだ。

そうなったときには、新しい決断をしないといけない。

③ 人間洞察力がある

> **経営のツボ**
> 感覚を全開して、相手の話に耳を傾け、
> 行動を観察する。

●相手の本質を見抜くにはどうする？

リーダーには「人物を見抜く洞察力」がなければならないが、どうすれば人間の本質を見抜くことができるのか。

これについては、古来中国でも大きなテーマになっていたようで、さまざまな考察がなされてきたが、孔子の以下の教えが参考になる。

「その人物像を理解しようと思えば、まずはどういう行動を取っているのかを見極める必要がある。ただし、どれほどよい行ないをしていても、その動機に問題があれば、評価はできない。また、動機が善であったとしても、それだけで判断してはいけない。成功を手にした後、どのような行動を取るのか。傲慢になってしまうの、逆に驕り高ぶることなく、より社会のために貢献するのか。そこまでの有り様を見極めることができれば、その人物の本質が理解できる」

孔子も最初から、成功した後の態度まで観察していたわけではなく、段階を踏んで、このような考えに至っている。最初は言葉だけを聞いて、その人物を判断していたが、ある事件がキッカケで変わったという。

孔子の弟子・宰予（さいよ）は、言葉では立派なことを言うので、信頼していたのだが、あるとき、怠けて昼寝をしていた。

26

その姿を見てからは、どういう動機で行動しているのか、さらには、事が成ったあとの行動までを観察するようになったというのだ。

『ハーバードでは教えない実践経営学』の著者マーク・マコーマック氏の、相対する人物の本性・性格を見抜く術も参考になる。

「人の本質や本当の自己は状況によって変化するものではない。だから、相手を知れば知るほど相手の心の内がわかるし、いかなる状況でも相手の答えや反応をより正確に予測できるようになる。まず、先入観を持たずに、相対する人間の行動を観察すればいい。人の何気ない行動には、その人の素顔がはっきり現れる。そして、洞察を得るには、感覚を全開にし、自分はできるだけしゃべらず、相手の話に耳を傾けることが必要だ。相手をよく見て、相手の話を聞くことで、あなたは自分が知らなければならないことのほとんどを、そして相手があなたに知らせたくないことも知ることができる」

相手を観察し、相手の声に耳を傾けることで、「人物を見抜く洞察力」は身につくと理解したい。

4 人を用いる力が優れている

> **経営のツボ**
>
> 人を大切にしないと事業は伸びない。

◉同じタイプの人間を集めない

　始皇帝の秦が崩壊したあと、天下取りを競ったのは、司馬遼太郎の小説でもお馴染みの項羽と劉邦だった。軍勢では圧倒的に劣勢だった劉邦が項羽に打ち勝って、「漢」を建国できた理由を、次のように語っている。

　「はかりごとを本陣のとばりの中でめぐらし、その結果、勝利を千里の外で決する点では、わしは子房（張良）におよばない。国家を鎮め、人民をなつけ、食糧を供給して糧道を断たない点では、わしは蕭何におよばない。百万の軍をつらねて、戦えば必ず勝つという点では、わしは韓信におよばない。この三人は優れた人物である。わしは、この三人をよく用いることができた。これが、わしが天下をとった理由である。項羽にはただ一人范増がいたが、かれを十分用いることができなかった。これが、項氏が天下をとれなかった理由だ」（『十八史略』）

　高祖（劉邦の皇帝名）は、自分より優れた能力を持つ人物をうまく用いることができ、項羽はそれができなかった。ここに勝負の分かれ目があった、とする高祖の見解は見事なまでにリーダーのあるべき姿を指摘している。

　藤田田（日本マクドナルド創業者）は、世間ではワンマン経営者のように思われていたが、その実は、人を用いる力の優れた人だった。あるとき、藤田に「イメージとは違ってワンマン

ではないのですね」と話しかけると、大意、次のような答えが返ってきた。

「ひとりで商売はできないからね。人を大切にしないと事業は伸びません。一般的にいって、『社長』という地位にある人間は、自分はなんでもできる、だから社長になっているんだと自惚れている人が多い。しかも、自分はそのことに気がついていない。しかし、自分は万能であると思い込んでいる社長は必ず失敗する。最近は世の中の変化が速いから、天才といえどもひとりで何事もすべてやっていくというようなことが長続きするわけはない。必ず多くの人の意見を聞いて、世の中の動きを把握していないことには、事業はやっていけないのである。ひとりですべてやっていれば、社長のプライベートな時間中は、社の動きはストップしてしまう。結局は能率も悪くなり、事業は停滞してしまいますよ」

ただし、人を用いるに際しては、注意しないといけないことがある。それは、同じタイプの人間を集めないことだ。良きリーダーには良きパートナーが不可欠だが、同じタイプは必要ではない。それは、先達の経営者を見ればわかる。

阪急グループの創業者小林一三は、「わたしのような、勝手なことをいって、頭から憎まれ口をたたいたり、ものを見極めてどんどん片づけていく性質のものには、その反対の温厚な、無口な、着実な、重厚な、意志の強い人が必要だ。だから、私の下には才子肌の人はいない。要するに、自分の欠点を補ってくれる人が必要だ」(『私の行き方』)といっている。

本田技研創業者の本田宗一郎は、自分と同じ性格の人間とは組まないという信念をもっていた。同じなら二人は必要ない。

自分一人で十分だ。だから自分と同じ性格の者とではなく、いろいろな性格、能力の人といっしょにやっていきたいとの考えから、タイプの違う藤沢武夫をパートナーにした。松下電器の松下幸之助は、経理は高橋荒太郎に委ねていた。

「同じ傾向の考え方をする人間ばかり雇い入れている会社は、視野が狭くなって創造性を失い、頭の鈍いクローンばかりがいる澱んだ場所になってしまう」と指摘する経営学者がいたが、まさに同感だ。

●長所を活かして短所は捨てる

いまひとつは、長所を活かして短所は捨てることだ。

中国の古典『春秋左氏伝』（紀元前4世紀ごろ）に、「人には、それぞれ得手・不得手がある」とある。言葉を変えれば、人間だれしも長所があれば短所もあるということになる。

同じ趣旨の記述は中国古典には数多く見られる。

戦国時代、衛の国に仕えていた子思（孔子の孫）が、ある人物を将軍として推挙したことがある。ところが、推薦を依頼した衛公は、その人物が役人のころに、支配下にある家から、卵を2個徴収して自分で食べたことがあったことを理由に登用しなかった。

そのとき、子思は次のように諫めている。

「聖人が人を用いるのは、大工が材木を使うのと同じで、その長所をとって、短所はとらないものです。よい大工は、大木の柳や梓に何尺かの腐っているところがあっても、木そのものを棄てることはありません。いまのような戦国の時代にあって、殿は、たかだか卵2個のことで、国を守る能力のある将軍を棄てるようでは……」（『十八史略』）

たしかに、役人時代に権力にものをいわせて卵を差し出させ

て食べたことに問題はある。だからといって、乱世の世で、その人間の持つ能力を使わない手はないと、子思はいうのだ。

このような先人の教えを、経営に活かしたのが、小林一三と松下幸之助だ。

「いかなる人にでも欠点があるのであるから、ちょっと責任を持たせにくくなってくる。しかし、活かして人を使うとするならば、欠点ある人に責任を自覚させて重く用いるということが、いちばん間違いない方法だと信じている」（小林一三）

「人間の性格、気質、才能、ものの考え方というものは、十人十色、万人万様に違ったものをもっている。したがって、あらゆる面で優れているという人もいなければ、反対にすべての面で他よりも劣るという人もいない。それぞれに一長一短、なんらかの長所、短所を併せもっているわけである。だから、それぞれの人の持ち味をよく見極めて、その長をとりて短を捨てて、すべての人を活かしていくことが、指導者にとって極めて大事である。無用の人はひとりもいない。そういう考えに立って、すべての人を活かしていくことがきわめて大事だと思う」（松下幸之助）

ドラッカーも同様の指摘をしている。

「成果をあげるためには、人の強みを活かさなければならない。弱みを気にしすぎてはならない。強みこそ機会である。強みを活かすことは、組織に特有の機能である。大きな強みをもつ人は、ほとんど常に大きな弱みをもつ。山があるところには谷がある。しかも、あらゆる分野で強みをもつ人はいない。人の知識、経験、能力の全領域からすれば、偉大な天才も落第生

である。申し分のない人間などありえない」(『プロフェッショナルの条件』)

　ただし、人の上に立つ人は、「人を用いる場合は、その人の長所を見て、短所を見ないようにするのがよい。だが、自分が世渡りするときは、自分の長所を忘れて、短所を補うように努力しなければならない」と、江戸末期に生きた儒学者、佐藤一斎は指摘している。

5 より多くの人間の話に耳を傾ける

経営のツボ
リーダーが伸ばさないといけないのは、
人の話を聞く能力。

●優良なリーダーは聴く耳をもっている

有能なリーダーの共通点として、より多くの人の声に耳を傾けるということがあげられる。

唐の二代目皇帝太宗が、側近の魏徴に「どのようなのを明君（優良なリーダー）、どのようなのを暗君（無能なリーダー）というのであるか」と聞いた際の答えは、次のようなものだった。

「多くの人の意見を聞いて（兼聴）、そのよいものを用いるのが明君であります。逆に、一方の人の言うことだけを信じる（偏信）のが暗君であります。詩経に『昔の賢者は、薪を採るような賤しい人の意見も聞いた』とあります。昔、堯舜（明君の代名詞）の政治は、四方の門を開いて能力のある人たちを招き、より多くの人の話を聞くようにしたのであります。秦の二世皇帝は、その身を宮中の奥深くに隠し、趙高の言うことだけを信用して、他の臣下の話を聞くことができなかったから天下が亡びたのであります。ですから、多くの人の言を聞き、広く下のものの言を入れれば、下情は必ず上に通じ、明君となれるのです」（『貞観政要』）

始皇帝亡き後、天下取りに成功した劉邦（漢を建国）は兼聴型、敗者となった項羽は偏信型と見ていいだろう。

秦の本拠地「関中」を陥れたとき、元来女好きだった劉邦は、美女が多くいる宮殿に留まって、歓楽しようとしたが、臣下の

アドバイスに従って、財宝にも手をつけずに、宮殿の外で宿営した。一方の項羽は、関中に留まれというアドバイスにも、劉邦を殺せという臣下の進言にも耳を傾けなかった。これが、項羽が天下を取れなかった大きな理由でもある。

　作家の宮城谷昌光は、「劉邦は、聴く耳をもっている男だった。自分の意見を聴いてくれるから、人は参集してきたといえる。それらの人たちに見合った役職を与えて見守るのが劉邦だった。劉邦には、人を用いる力があったが、項羽は、傘下の人を活かして使うことができなかった。ここに勝敗の分かれ目があったといえる」と指摘している。

　先の「薪をとるような賤しい人の意見も聞く」を文字通りに実践したのが、新１万円札に描かれている渋沢栄一だ。渋沢は、兼聴するだけでなく、聞き逃しがないように記録係を側に置いていたと聞く。

　アメリカの著名な経営学者、コッターは著書『幸之助論』に、小学校中退の松下幸之助が　偉大な経営者になれたのは、目下の人の意見にも素直に耳を傾けたからだと書いている。

　世界有数のホテルグループ、マリオットの二代目経営者マリオット・ジュニアも同様の考えをもっていた。

　「仕事に就いて40年以上にもなるが、人の意見に耳を傾ける能力こそ、優れた管理者が訓練によって伸ばすことのできる最も重要で、しかもたった一つの職場での技術であるというのが、私の結論である。部下の意見にきちんと耳を傾けていない指導者は、重要な情報を聞き逃し、職員や同僚の信頼を失い、革新的で、実務に通じた管理者になるチャンスを失ってしまう恐れがある」（『マリオット・ウェイ　サービス12の真実』）

最近は「傾聴」が大事だといわれている。たしかにそのとおりなのだが、ただ聴こうとするだけでは理解できないこともある。ここでもマリオット・ジュニアの声に耳を傾けたい。

　「口を閉じているだけでは、上手に耳を傾けていることにはならない場合もある。従業員は自然と上司によくない知らせを伝えないようにしたり、事を荒立てるのを避けようとする傾向があるが、人間のためらいを取り省き、問題の核心に達するためには、もっと積極的な聞く技術として、相手に質問する必要も出てくる。私は、『君の考えはどうか？』といった形式の質問が非常に有効だと信じている」

　松下幸之助も、「君はどない思うんや」と質問するのが、常だったと聞く。

6 度量が大きい

> **経営のツボ**
>
> 度量がなければ人の能力は活かせない。

●大事を成し遂げる人は心が広い

　人一倍才能はあるのに、大事を成し遂げられない人がいるが、そうした人に共通するのは「度量がない＝心が狭い」ということだ。

　『孔子家語』に、「水、至って清ければ魚なく、人、至って察すれば徒（なかま）なし」とある。一点の誤りもないように厳しくチェックしていては、仲間は増えない。少しルーズで濁っていたほうが、人も魚もすみやすい、と孔子は教えているのだ。

　中国古典では、厳しすぎることの弊害を説く逸話が多く取り上げられている。

　後漢時代、北方の異民族・匈奴の勢力下にあった西域諸国を平定し、都護（地域の責任者）となって高い評価を得た班超という人がいる。おおよそ30年、西域の都護を務め、退任した際の、後任・任尚とのやり取りが、実に示唆に富んでいる。

　西域の統治法を問う任尚に対し、班超が「君の性格は厳格で性急だ。水がきれいすぎると大魚は住まないものだ。万事、寛大にして手軽にするがよろしい。さもないと失敗する」（『後漢書』）と教えたところ、任尚はひそかに人に向かって、「私は、班超には立派な策があると思っていたのに、彼の言ったことは、平々凡々極まりなかったのでがっかりした」と言い放ち、班超のアドバイスを受け入れなかった。

36

その結果、西域では乱れが起こり、任尚はお役御免になっている。ちなみに、班超は、「虎穴にいらずんば、虎子を得ず」と言った人でもある。

組織をまとめるためには、厳しさが必要なことはいうまでもない。しかし、厳しさばかりで息抜く暇がないと、人間は間違いなく疲弊するか、反旗を翻すかどちらかになる。

秦の歴史がいい例で、初代皇帝・始皇帝の統治法は、「手厳しく、事は法律によって決定し、人情ある温和さはなく、法を用いることに少しの仮借（大目に見る）もなかった」とされている。

この厳しさが功を奏し、秦自体は成立（紀元前221年）をみたが、始皇帝の死後、わずか4年で崩壊してしまった。これはその厳しさが裏目に出たことによる。

始皇帝が亡くなった翌年、農民900人近くが徴発されてある地方の守備に当たることになった。ところが、赴任途中に長雨で道が塞がって進めなくなり、決められた期日までに赴任地につくのは不可能になってしまった。

秦の法律では、理由の如何を問わず、期日に間に合わなければ死刑。赴任地に着いたところで命はない。どうせ死ぬなら一旗揚げようと、農民仲間が蜂起したことがキッカケで、秦は滅亡してしまったのだ。

秦は、法で厳しく律することで国家が成立し、その厳しさが故に滅んでしまった。ここで心したいのは、多少の過ちには寛容になることだ。どんなに才能があっても完璧な人間はいない。相手の言行を受け入れる心の広さ、いわゆる度量がなければ、人の能力は活かせない。

『易経』には、「人の欠点を包みいれるだけの度量がなければ大事はできない」とあり、幕末の儒学者・佐藤一斎も、「才能があっても度量がなければ、人を包容することはできない。反対に度量があっても才能がなければ、事を成就することはできない。才能と度量と二つを兼ね備えることができないとしたら、才能を棄てて度量のある人物になれ」（『言志四録』）と、遺している。

　いつの世にも、優良なリーダーには、度量（心の広さ）が不可欠なのだ。

7 観察力が優れている

> **経営のツボ**
>
> 経営力の基盤は観察力。

●変化対応能力を身につける

リーダーに求められるスキルで、基盤になるのは「観察力」だ。リーダーが仕事で成果をだすためには、観察力に磨きをかけないといけない。

たとえば、経営で重要視される「変化対応能力」は、観察力がなければ身につかない。

ドラッカーが、プロの経営者として高く評価したスローンは、その著書『GMとともに』のなかに、「変化に対応する具体的方法を持っていなければ、どのような組織も叩き潰されてしまう」と書いている。まさにその通りで、GMは変化に対応できずに、1990年代に危機的状況に陥ってしまった。

経営学者のセオドア・レビットは、「変化への対応と適応が唯一生存への道」と語っているが、同じ趣旨の発言を残した先達の経営者は数多くいる。変化に対応することがなければ企業の未来はないのだ。

では、どうすれば変化対応能力は身につくのか。また、変化はどのようにして起きるのだろうか。

自然界には「突然変異」という現象がある。それだけに、ある日突然、変化が起こるように思いがちだが、それは違う。レビットは、その著書のなかで、ミクロ経済学の父アルフレッド・マーシャルの「自然は飛躍しない」という言葉を紹介したあと

に、次のような指摘をしている。

「変化は多いが、変化しないことはもっと多い。未来は否が応にも現在を土台に紡がれていく」

要するに、変化は突然やってくるものではなく、現在を基点に紡がれるものであり、必ず兆候がある。その兆候を見つけるのは観察力に他ならない。

変化の兆しを見つけたとしよう。次に大事になってくるのは、想像力を働かせることだ。

何が原因で、そうした変化が起こるのか。また、その変化が自分たちの組織にどのような影響を与えるのか…、さまざまな要因を組み合わせて、想像力を働かせたうえで、何をやるか・やらないかを決断するのがトップの仕事だ。

『君主論』で知られるマキャベリは、「想像力は、いかなる分野でも共通して必要とされる重要な能力」だと指摘しているが、これは経営の分野にもいえる。

ただし、「観察なしの想像」は、妄想になりがちなので注意が必要だ。

●あらゆることの基になるのが観察力

どんな優良な企業にも問題は多くある。その問題発見、解決の基になるのも「観察力」だ。それは、名探偵シャーロック・ホームズの推理のプロセスを見ればよくわかる。

ホームズと助手のワトソンは、同じ事件現場に出向くのだが、ホームズは事件を解決に導くが、ワトソンは犯人にたどりつけない。

その理由について、ホームズは次のように説明している。

「君は、ただ見ているだけで観察していないんだ。たとえば、

玄関からこの部屋へ上がる階段は何段あるかわかるか、君はわからないというが、私は17段だと知っている。それは、見るだけで観察していないからだ。観察と分析の訓練を積んだ人の目をごまかすことはできない。日常生活のなかで遭遇するすべてを的確に系統的に観察することによって、実に多くのことを学びうるのだ…。すでに備わっている知識があれば、私たちは観察することで、意味のないような事実から意味をくみとって推理することができる」(『緋色の研究』)

変化対応能力は「**観察力＋想像力**」で、問題解決能力は「**観察力＋分析力**」で身につくと考えればいいだろう。

「人間関係構築」の基になるものは「観察力」だ。

人間の「能力」は、「脳」が鍛えられて初めて発揮できるとの考えから、「脳力開発」を提唱した城野宏は、「人間関係を構築するには、まず、相手を見極めないといけないが、どうすればいいのか…。人間は、脳の指図で動いているから、脳のソフトウェアがどういうプログラムになっているのかを見極めればいい。その人の脳のプログラムをつかんでしまえば、その行動パターンは見えてくる。その人間の行動表現を観察しておれば、その人の脳髄がどう働き、どう指令を発しているのか、かなり正確に測定できる」(『脳力開発のすすめ』)

私たちは、一緒に暮らす家族なら、こう言えばこういう答えが返ってくる。こうすれば喜ぶ、怒る、といったことが、だいたいわかる。それは、知らずしらずのうちに家族の脳のプログラムを理解しているからだ。

同じことを友人、仕事で接する人に対してできれば、相手の行動パターンは読めるということだ。

スキル向上の基になるのも「観察力」だ。

技術の教育はまったく受けないままに、15歳で東京の自動車修理工場に丁稚奉公した本田宗一郎は、ベテランの修理工でも直せないような外車の修理を、10代でやってのけたという。

その理由を、ソニー創業者の一人井深大は、「熱心な探究心と細かい観察眼があったからだ」（『わが友・本田宗一郎』）と、記している。

本田が偉大な経営者になれたのも「観察力」があったからこそだといえる。

では、観察力はどうすれば身につくのか。

筆者が本田に初めて会ったとき、氏が描いた絵を前にして、「疋田さん、牛の角は耳の前にあるのか後ろにあるのか」と聞かれて答えることができなかった。そのとき本田は、「自分も経営者のときはわからなかったが、リタイア後、絵を描くことが趣味になってからは、ものの見方が変わって、描きたいものについては、じっくり観察するからわかるようなった」と、話を続けた。

二宮金次郎が薪を背負って歩くときに、読んだ本とされる『大学』に、「うわのそらでは、見ても見えず、聞けども聞こえず、食べてもその味に気づかない」とある。

要するに、問題意識を持って観察すれば、観察力に磨きがかかると考えればいいだろう。

8 心の知能指数が高い

経営のツボ

才能よりも心の知能指数が大事。

●「高いIQ」よりも「高い心の知能指数」（EQ）

リーダーに一定レベルの才能が必要なことはいうまでもない。しかし、才能だけでは人はついてこない。何より必要なのは、「高いIQ」よりも「高い心の知能指数」（EQ）だ。

EQは、1989年にアメリカの二人の博士が提唱した概念で、その後（1996年）、ダニエル・ゴールマンがまとめて、『心の知能指数』のタイトルで、日本でも出版され、80万部を超えるベストセラーになっている。

EQが高いか低いかはどうすればわかるのか。ゴールマンは、「自分の感情を認識する力」「自分の感情をコントロールする力」「他者の気持ちを認識する力」「人間関係を適切に管理する力」を見ればいいと指摘している。

この4つの力は相互作用するとされているが、単純には、「自分の感情をコントロールする力」が強ければ、EQは高いと考えればいいだろう。

EQを基準に、世界中の企業で経営幹部を調査したデイビット・マクレランドは、企業の成功と経営幹部のEQの高さが連動している、と研究結果を発表したが、これは、アジア、ヨーロッパでも共通していると指摘している。

人のマネジメントでは、4つのなかでは、「自分の感情をコントロールする」ことに、一番気をつかう必要がある。なぜなら、孔子の編とされる『礼記』に、「感情のおもむくまま、直

ちに行動に移すのは野蛮民族のすることで、修養のある人の為すべきことではない」とある、野蛮な人に人がついていくわけはないからだ。

◉いかに怒りをコントロールするか

喜怒哀楽があるのが人間だが、感情がもたらす弊害は実に大きい。とりわけ、問題が多いのは、怒りの感情だろう。では、怒りはどうすればコントロールできるのか。

ゴールドマンは、怒りをコントロールする方法について、次のように語っている。

「怒りたくなったときには、怒りの発端となった理由をもう一度問い直してみることだ。なぜなら、怒りは、最初に衝突があり、それに対する評価から発生し、さらに評価検討が繰り返されて増大していくからだ。また、腹が立ったときは、可能なかぎり散歩するのもいい。怒りをおさめるにはこれが一番いい方法だ」

怒りをコントロールする術については、スリランカ仏教の長老スマナサーラ師の、以下の教えも参考になる。

「怒りを感じたときには、怒りをぶつけるのではなくて、自分の心を見つめるのです。『わたしは、なぜいま怒っているのか』と、2、3回、心のなかでいうだけでも、さっと怒りは消えてしまいます。いまひとつは、ただただ、呼吸に意識を向けるのです。『吸う、身体がふくらむ、吐く、縮む』と呼吸しながら、言葉で確認してください。これだけでもとてもリラックスすることができます。また、散歩をおすすめします。歩くことに意識を集中することでリラックスできます」

スマナサーラの術には、宗教家らしく呼吸法が入っているだ

44

けで、他は同じだ。私自身の経験からいって、上記の3つの方法は、試してみる価値はあると思っている。

　怒りをコントロールするとはいうが、抑えるのではなく、怒りをエネルギーに転化して成功した企業家もいる。

　低価格を武器に航空業界に参入し、先発企業の抵抗にあいながらも、いまではアメリカ有数の航空会社になったサウスウエスト航空の創業者のひとり、ケレハーがその人だ。

　同社が、航空業界に参入を表明したとき、大手の航空会社が差し止めの裁判を起こした。最終的には、参入が認められたが、ケレハーは、「このときの大手航空会社の理不尽な介入に怒りを覚えたことが、成功の原動力になった。怒りは動機につながる。私の場合、それは大義となった」といっている。

　「怒り」がエネルギーになるようにコントロールできれば最高だろう。

第1章　組織の盛衰はリーダーで決まる

45

9 忍耐力がある

経営のツボ

成功、失敗のいずれにも忍耐力が大きく関与。

●我慢することの大切さ

筆者は、現代の経営幹部に最も欠けているのは「忍耐力」だと考えている。

最近は、軍事戦略の分野では、スピードが最大の武器だとの考えがある。スピードを有効活用すれば、規模や技術など敵の持つ優位性を相殺し、最終的には無力化できる、という考えだが、これは外部の環境が激しく変化する今の経営にも通じる。

アメリカのグーグル、アマゾン等々は、他社に先駆けて新しいサービスを次々に提供することで成長したことに異論はないだろう。ビジネスの世界でも、量的優位性は勝利の優位性にならないといっていいだろう。

ただし、スピーディな取り組みだけでは、大きな成果を手にできないことも事実だ。経営においてもスピーディな意思決定、素早い行動が勝利を導くとの考えに賛成だが、結果にまでスピードを求めてはいけない。

筆者が、人間として魅力があると感じた経営者の一人、堀場雅夫（堀場製作所創業者）は、自らの経験から、我慢することの大事さを説いていた。

「過去、商品開発では何度も失敗している。しかし、振り返ってみると、致命的な問題があって失敗したというケースは本当に少ない。本当の意味でトコトンやり抜かなかった結果、失

敗に終わったものが多い。商品開発をやっていると、なかなか結果が出てこない。そこで我慢できずにどこかで妥協して失敗してしまっている。失敗作に終わったものも、我慢して最後までかじりついてやっていれば、うまくいったのではないかと思えるものが、振り返ってみるといっぱいある」

　商品開発に限らず、人材育成、組織改革等々、経営の現場では我慢しないと成就しないことがけっこう多い。スピードが大事なことはいうまでもないが、我慢することで大きな成果を手にすることがあると考えないといけない。

●成功も失敗も「忍耐力」が大きく関与している

　『ハーバードでは教えない実践経営学』の著者マーク・マコーマックの経験談も興味深い。

　「私が今でも驚かされるのは、ただの時間の経過が状況を一変させ、問題を解決し、ほかの問題を無意味なものにし、対立を収め、まったく新たな視点を加えるということだ。私がアプローチして断わられた人物が、5年後に、相手からの申し出でクライアントになったこともある。私たちの20年余りのビジネスで、成功例の90％は何らかのかたちで忍耐が必要であったし、失敗例の90％は忍耐力の欠如に一因があったといえる」

　成功、失敗のいずれも「忍耐力」が大きく関与しているということだ。

　日本には、「時薬」（ときくすり）ということわざがある。時間が問題を解決してくれる、といった意味だが、渋沢栄一も同様の指摘をしている。

　「現状、うまくいっていないことがある。それには必ず原因がある。過去にとった行動の結果が、問題となってあらわれて

いるのである。この因果関係は、にわかに断ち切れるものではないので、ある一定の時間が経過しないと形勢はかわらない…。人が世の中に処してゆくには、形勢を観望して気長に時期の到来を待つということも、決して忘れてはならない心がけである」

　アメリカで車のトップセールスマンとして知られるアリ・リダは、営業の秘訣を聞かれて、「私はお客さまが本当に購入する気になるまで、喜んで待ちます。私は忍耐を重視しています」（『変化を嫌う人を動かす』）と答えている。

　「待つ」という戦略もあると理解してほしい。

1-2 リーダーが罹患してはならない"症候群"

　組織をダメにする企業、リーダーにも共通項はある。それらを"症候群"として紹介する。
　ちなみに辞書には、症候群とは「はっきりした原因は不明だが、いつも必ずいくつかの症状が伴ってあらわれるとき、病名に準じて使う医学用語」と記されている。単純には、病気の一種と考えていいだろう。
　では、"症候群"にはどんなものがあるのか、以下にあげてみた。

1 傲慢症候群

経営のツボ

傲慢なリーダーが率いる組織は滅亡する。

●傲慢は一種の病気である

『春秋左氏伝』（紀元前770〜前403年）に、「驕りたかぶって、それで亡びないものはいまだかってなかった」とある。

また、古代ギリシアの哲学者アリストテレス（紀元前384〜前322年）は、「若者や金持ちはヒュブリス（ギリシア神話に登場する女神の名で、傲慢を意味する）に走りやすい。傲慢に振る舞うことで優越感を覚えるからである」と、傲慢を戒めている。

古代中国、古代ギリシアで、同じように傲慢を戒めているが、現代も変わりがないようで、昨今は、傲慢は一種の病気と考える識者が出てきた。イギリスのオーエン（神経科医・政治家）は、「傲慢症候群」という言葉をつかい、トップがこの病気にかかると組織は亡びると指摘して話題になった。

「傲慢症候群」は、経営幹部だけの問題ではない。あらゆる分野で傲慢に振る舞う人が増えてきている。

役職に就いたとたんに偉そうに振る舞う人、亭主が出世すると自分も出世した気分になって傲慢になる奥さん、親父が偉いと自分も偉いと錯覚して傲慢になる若者、自分はお金を払っているのだからと傲慢に振る舞うお客さん…、枚挙にいとまがない。

傲慢な人間にはどう対応すればいいのか？　相手にしないのが一番だが、そういうわけにもいかない。せめて、傲慢になら

50

ないように気をつけたいものである。

●「グレートマン症候群」という症状もある

　2008年のノーベル経済学賞を受賞したクルーグマンは、「科学の世界では、ある分野で有名な研究者が、よく知りもしない別の専門分野で声高に意見を述べるようになることを、グレートマン症候群と呼んでいる」と指摘したうえで、この病気は、経済学・政治学等々の世界にまで広がっているという。

　たとえば、経済と経営は違うのに、経済の専門家が経営に口を出す（逆もある）。また、経営者が政治家に転身する例も多い。優れた経営者が優れた政治家になれるとは限らない。異分野の知見を知ることは大事なことだが、よく知らない分野に意見をはさむことは控えめにしたほうがいい。

　「グレートマン症候群」と、よく似た言葉に「**全能感**」というのがある。心理学用語で、「自分が何でもできる」という感覚を意味する言葉で、とくに子どもの発達段階で、しばしば見られる現象だと説明されている。

　しかし、全能感をもつのは子供だけではないようだ。いまは亡き山本七平は、著書『帝王学』に、「社長や大学教授のなかにも、奇妙な全能感をもっている人は決して少なくない」と指摘したうえで、その例として信長、晩年の秀吉をあげ、もたなかった権力者として、頼朝、初期の北条氏、徳川家康をあげているが、この３人が築いた体制は長く続いている。

　リーダーには、「傲慢症候群」「グレートマン症候群」「全能感」を戒めの言葉として、頭に刻み込んでおいてほしい。

　ちなみに、日本には、「驕る平家は久しからず」と傲慢を戒める言葉がある。

2 サクセス症候群

経営のツボ

成功体験がもたらす衰退。

●なぜ隆盛を誇った企業が衰退するのか

　素晴らしい業績を残してきた企業が、倒産に至らないまでも危機的状況に陥るケースが目につく。

　なぜ隆盛を誇った企業が衰退してしまうのか。一番多い要因は、成功体験にとらわれることだといっていい。「失敗は成功の母。成功は失敗の父」というらしいが、これは真理だと思える。

　筆者が「サクセス症候群」という言葉を目にしたのは、ＩＢＭの再建を担ったルー・ガースナーの著書『巨象も踊る』だった。

　ガースナーは、ＩＢＭ衰退の原因を、「サクセス症候群に陥っていた。企業は成功すると、その秘訣を体系化しようとするが、そこには落とし穴がひそんでいる。成功の方式を文書化しようとしたとき、組織は内部志向になり、社内のことを優先させるようになる。当然、問題が起こる。会社を前進させるために一番必要なのは、顧客を取り戻すことであって、内部の点検ではない」と分析していた。まさに、成功体験が足かせになったとの指摘で、筆者も同感だ。

●創業後は勢いだけでは生き残れない

　成功を手にした企業が衰退するのは、ほとんどが「サクセス症候群」に罹患したからだと思って間違いないだろう。創業期

52

や企業が成長期にあるときは、勢いで成功を手にすることができる。しかし、創業が成った後は、勢いだけでは生き残れないことは、歴史が証明している。

筆者の好きな言葉に、「馬上で天下は取れても、馬上で天下は治められない」というのがある。中国・漢の建国者、劉邦は、天下を手にするまでは傍若無人なところがあり、イケイケドンドン型だった。そんな劉邦に対して、側近が語ったとされるのが、この言葉だが、これは経営にも通じる教えだと考えていい。

創業者に限らず、企業を飛躍的に成長させた経営者には、「馬上で天下を取る」タイプが多いし、その側近には「武勇に長けた」タイプが多い。彼らは、厳しい環境のなかで戦い、成果を手にしているだけに、自分たちの戦い方をすれば成功するという思いを強くもっている。

それだけに、創業が成った後も、それまでの成功体験をベースにした経営にこだわる傾向が強い。結果として、「サクセス症候群」に陥って、組織を衰退させてしまうのだ。

ドラッカーが、理想のリーダー像としてあげたキュロス（紀元前600年頃：アケネメス朝ペルシアを建国）は、勝利に酔いしれる部下たちに対して、次の言葉を発して戒めたという。

「わしらは、目先の快楽に身を委ねてはならないのだ。支配権を獲得するのは偉大な行為だが、獲得したものを保持し続けるのははるかに偉大な行為であるからだ。支配権の獲得は大胆さを示すだけの者によっても達成されるのはよくあるが、獲得したものを維持し続けるのは、もはや節度と自制と十分な配慮なしには不可能なのだ」（『キュロスの教育』）

日本では、創業型の経営者を高く評価しがちだが、それだけではいけない。事業承継した後、それまでの自社の成功体験に

とらわれず、発展させた経営者も高く評価されるべきだと思う。

●成功した後の新商品開発こそ重要

サクセス症候群に陥りやすいのは、ヒット商品を生み出した後だ。どんな商品にも寿命の長さは別にして、間違いなく<「開発」⇒「成長」⇒「成熟」⇒「衰退」＞という商品サイクルがある。

ところが、ヒット商品を出すと、需要を満たすことに追われて、次の商品開発にまで目が向かなくなってしまう。結果、徐々に売上が落ちて業績が悪化してしまうケースが多い。

そうならないためには、どうすればいいのか。

その答えとして、セブン‐イレブンを牽引した鈴木敏文の言葉を紹介する。

「いま売れている商品は、やがて売れなくなる商品なのです。売れている商品があるうちに次の商品をスタンバイさせる。これの繰り返しです。売れなくなるであろう商品を何かと理屈をつけて売り続けるよりも、早く見切りをつけて、新しい商品を開発して投入したほうが、経営的にははるかにいい」

30年近くも前に鈴木から聞いた話だが、いまなお通用する考えだ。

たとえば、行列のできる飲食店では、どんなに人気のあるメニューでも、同じものを出し続けていると、2、3年後には客足が遠のきがちになる。こうした現象は、あらゆる業種で見受けられる。

成功した後、戦略的に次世代商品を開発し続けることのできる企業が、サクセス症候群と無縁でいられるのだ。

3 完璧主義症候群

> **経営のツボ**
>
> 完璧主義からは何も生み出せない。

●100点満点でなくてもよい

才能のある人ほど「完璧」をめざしたがるようだが、これは褒められたことではない。

住友銀行（現・三井住友銀行）元頭取の西川善文は、自著『仕事で成果をだす』に、「経営は、失敗を全体として一定範囲内に収める技術といえる。完璧主義、満点主義からは何も生み出せない」と書いている。

完璧をめざすと、やるべきことが増えてくるが、時間には限界がある。あれもこれもと考えているうちに、どれもが中途半端になり、結果、何も成果を出せないで終わってしまう。

ではどうすればいいのか。

西川は、「100点満点でなく70点ぐらいで手を打つと割り切ればいいのである。60点が当落の境目だとすれば、そこに10点上乗せした70点で御の字だと、私は思う」と、解決策を説いている。

企業社会でサラリーマンとして頂点を極めた人の話だけに納得できるものがある。

一般的に、エリートほど完璧を求めたがる傾向が強いが、その弊害を、日本でも「ハーバード白熱教室」で知られるマイケル・サンデルは、大意、次のように指摘している

「能力主義によって競争心が高まった学生たちの間に『完璧

主義後遺症』が生じている。好成績を収めて自分の価値を高めようと努力するあまり、心を病んでしまう。 この数十年、世界中で青少年のうつ病が増加の一途をたどっている原因がここにある」(『オードリー・タン 私はこう思考する』)

たしかに、できる人ほど完璧を求めたがるが、一般社員のなかにも、「仕事は完璧にこなさないといけない」と思い込んでいる人は多い。

役職をもたない社員たちのグループミーティングに顔をだすと、「やらないといけないことが多すぎて、あれもこれもと考えているうちに時間が経って、何もできていないことが多い」といった悩みを口にする参加者がけっこう多い。

そんな人には、西川のような成功者が、「70点でいい」と言っていると話すと、「安心しました。これから完璧をめざさず、やれるところから手をつけます」といった答えが返ってくる。

そういう人には、「最終的には70点で満足しないでほしい。余裕ができたら、75点、80点を目標にしてほしい」と伝えるようにはしている。

リーダーは、自らに完璧を求めてはいけないが、部下たちにも完璧を求めないほうがいい。

4 現状維持症候群

経営のツボ

リスクをとらないことが最大のリスク。

●失敗を厳しく罰すると企業の活力低下につながる

人間には、変化を嫌い、現状維持を志向する性向があるとされているが、日本人はよりその傾向が強いようだ。

人間の心の奥底には、ダメージから自分を守りたいという願望がある。現状を打破するために行動を起こすということには責任がともなう。結果、失敗すれば、批判されることもあるので、後悔することもある。

そのうえ、人間には損失を回避したいという習性があるので、現状がよほど嫌でもない限り、行動することを躊躇してしまう。これを行動経済学の世界では、「現状維持バイアス」と呼んでいる。

とりわけ、日本の多くの企業は、何もしないでいることの罪よりも、何かした結果の失敗を厳しく罰する傾向が強い。したがって、現状維持を望む人間が多いとされていて、これが日本企業の活力低下につながっている、と筆者は考えている。

1986年、筆者は「アメリカニュービジネス視察団」に参加する機会を得た。当時、日本ではニュービジネスブームで、新規事業先進国・アメリカに学ぼうとの主旨で企画されたツアーだった。

ロサンゼルスで、ニュービジネスを立ち上げ成功した数名の経営者に話を聞いたが、彼らに共通していたのは、失敗を恐れ

57

ずに、自らリスクを背負ってチャレンジする姿勢で、それに誇りをもっていることだった。

創造的破壊で知られるシュンペーターは、経営者を、継続的にイノベーションを起こし、新しい価値を創造する「企業家」と、企業を循環的に経営していくだけの「経営管理者」の２つのタイプに分類しているが、リスクをとる勇気のある者こそ、真の「企業家」だといえる。

●現状維持は衰退を意味する

日本経済が30年以上も停滞していた原因のひとつにあげられているのが、日本人の多くがもつとされる、失敗を恐れてチャレンジしない現状維持体質だ。ある程度の成功を手にすると、それで満足し、守りに入るタイプが日本人には多い。

古来、東洋では「足るを知る」ことが善とされてきた。たしかに、人間の生き様としては、欲をかかず満足することが理想的だが、競争のある企業社会では、「現状維持は衰退を意味する」と考えなくてはならない。

日本人が、失敗を恐れる民族であることは、データにも表われている。ＯＥＣＤが加盟国の15歳を対象に実施した調査によれば、失敗を恐れる生徒の比率が日本は76.7％（平均は56.4％）と、最も高かった。社会人になる前から失敗を恐れているのだから、リスクを背負ってチャレンジする人間が少ないのもうなずける。

●失敗を恐れてチャレンジしないのが一番のリスク

とはいえ、「真の企業家」がいないわけではない。

「失敗は将来の収穫の種」といって、チャレンジし続けた本田技研の本田宗一郎。「私にとって、失敗は成功への第一ステ

ップに過ぎない」と語った日本マクドナルドの藤田田。現役の経営者では、「失敗のリスクを100％背負って革新していく」ことが経営者の役割と公言しているユニクロの柳井正がいる。

失敗を恐れるなとはいうが、やみくもにチャレンジしろというわけではない。新しい事業をスタートさせる前に、十分な調査、研究をすれば、リスクは軽減できると、筆者は考えている。

情報技術が発達した昨今では、情報収集、シミュレーションが短時間でできるだけに、この手間を惜しまないでほしい。

また、リスクについては、柳井の次の考えも参考にしたい。

「リスクをとるには、リスクを量らなければならない。そこを勘違いしてはいけない。僕を冒険主義の経営者だと思う人がいるようですが、それだったら会社は潰れてしまいます。この程度なら失敗しても大丈夫だと、リスクを量っているのです」

ここに、企業家・柳井の真骨頂がある。さまざまな失敗に遭遇しながらも、今日のユニクロが存在しているのは、この考えがベースにあるからだ。やはり、経営においては失敗を恐れてチャレンジしないことが一番のリスクだと考えるべきだろう。

正直、「現状維持症候群」という言葉は辞書にはない。

しかし、日本に限っていえば、「バイアス」の域を超えて、症候群といっても差し支えないと、筆者は考えている。

5 管理過剰症候群

経営のツボ

管理過剰は組織を衰退させる。

●優秀な管理部門ほど、「必ず制多し」となってしまう

組織は、どういう状態に陥ったときに衰退に向かうのか。

孔子の編纂と伝えられる『春秋左氏伝』に、「国の亡びんとするは、必ず制多し」とある。制度や法令が増えてくると、それがきっかけとなって、国は亡びるとの指摘だが、これは会社組織にも通じる。

スポーツ選手のマネジメントとマーケティングを行なう会社IMGを設立し、アメリカビジネス界の異端児として知られたマーク・マコーマックは、会社が成長するうえでの最大の問題は、「経営を少しでも容易に、円滑にするために築いた組織構造やシステムが、本来の思惑とは逆に、会社の勢いをそぐ足かせとして機能してしまうようになることだ」と、自著『ハーバードでは教えない実践経営学』に記している。

組織が大きくなるにつれて、さまざまな問題が起こるようになってくる。そこで、同じ問題が起きないようにルールがつくられる。結果としてルールの数が増えていく。どのルールも制定したときには必要だったものが、いつの間にか一人歩きをし、組織の活力を奪っていくのだ。

組織は、よほど注意を払わないと、管理過剰に陥る習性をもっている。企業規模が拡大すると、必然的に管理部門が生まれる。管理部門は、目に見える実績を残そうと、問題が起きる前にルールづくりに取り組みがちになる。

また、管理は知識とスキルがあれば遂行できるだけに、優秀な管理部門ほど、「必ず制多し」となってしまうのだ。

●管理職はつくらない!?

では、管理過剰にならないためにはどうすればいいのか。

四書五経のひとつ『書経』の次の言葉が参考になる。

「政策には廃止しなければならないことが起こり、新しく始めなければならないことが起こる」

どんなにいい政策、制度でも、必ずメリットとデメリットがある。同じことを続けていくと、時間とともにデメリットが出てくるようになる。それだけに、適宜、見直しが必要になってくると考えればいいだろう。

抜本的な対策としては、極端なようだが、管理職をつくらないことだ。管理職に任命されれば、どうしても部下を管理したくなってしまう。

そうならないためには、ドラッカーの「現代の組織は、上司と部下の関係ではない。それはチームである」(『プロフェッショナルの条件』)という指摘を徹底的に教え込むことだ。

ピラミッド型組織では、どうしても上司と部下の関係になってしまうが、それは役割が違うと考えるべきで、上司風を吹かせて、部下を管理しようとしてはいけない。

東洋エクステリア(現・リクシルグループ)の創業者、杉本英則は、「管理なき管理が理想。管理しなくても、従業員が自らを律して行動してくれる組織をめざしている」といっていた。

管理されることを好む人間はいない。ところが、組織は大きくなるにつれて、制度(ルール)が増えて「管理」を好むよう

になる。過剰な管理は大いなるコストアップ要因でもある。

　いまひとつ、組織の存亡について「孟子」の指摘も紹介しておく。
　「組織のなかに、ルールを守る家臣や君主を補佐する賢者がいなくて、外には対抗する国や外国からの脅威がない場合には、自然安逸にながれて、ついには必ず滅亡するものである」
　組織内に、会社方針を理解して行動する従業員と優良な補佐役がいなくて、外部にライバルが存在しないと緊張感がなくなり、組織が弱体化するとの教えだ。
　難しいことではあるが、ライバル企業の存在は、有り難いと考えたい。

1-3 リーダーの仕事

　組織を率いるリーダーには特有の仕事がある。ひとつは「戦略を決める」ことで、いまひとつは「全体最適システムの構築」だ。これらの仕事は人任せにしてはいけない。
　そこで、この2つのリーダーの仕事について、みていこう。

1 戦略を決める

> **経営のツボ**
>
> 何をやるのか、何をやらないのかを
> 決めるのが戦略。

●戦略とは二者択一の意思決定

　組織のトップにとって最も大事な仕事は、従業員に対して会社の目的（最終的な到達点）を明確に示すことだ。目的がハッキリしないと、目的地にたどり着きようがない。

　目的の次に「戦略」を決めないといけない。

　戦略とは、「何をやるか」を決めることだと考える人が多いようだが、決してそうではない。

　『良い戦略、悪い戦略』の著者リチャード・P・ルメルトは「戦略を立てるときには、『何をするか』と同じぐらい『何をしないか』が重要である」と指摘している。

　企業経営における戦略も、決断同様、二者択一の意思決定だとまず理解しておきたい。

　戦略を決める際に最も参考になるテキストは、ルメルトの以下の考えだ。

　「良い戦略は必ずといっていいほど、単純かつ明快である。パワーポイントをつかって延々と説明する必要などまったくないし、『戦略マネジメント』ツールだとか、マトリクスやチャートといったものも無用だ。

　必要なのは、目前の状況に潜むひとつかふたつの決定的な要素——すなわち、こちらの打つ手の効果が一気に高まるようなポイントを見きわめ、そこに狙いを絞り、手持ちのリソースと

行動を集中すること。これに尽きる。

　戦略を野心やリーダーシップの表現とはきちがえたり、戦略とビジョンやプランニングを同一視したりする人が多いが、どれも正しくない。戦略策定の肝は、つねに同じである。直面する状況の中から死活的に重要な要素を見つける。そして、企業であればそこに経営資源、すなわち、ヒト、モノ、カネそして行動を集中させる方法を考えることである」（『良い戦略、悪い戦略』）

　「戦略とは単に目標を掲げることではない。問題解決の一種と捉えるべきである。したがって、いま何が問題なのかを理解せずに解決することはできない。戦略は、組織が直面する課題（または逃してはならない重大な機会）を特定し理解するところから始まる。

　直面する状況の理解が深まるにつれて、成否を決すると同時に解決可能な最重要ポイントがみえてくる。フォーカスは戦略策定の基本中の基本であり、的を絞り込むことは戦略家の重要なスキルである。課題を診断したうえで解決を考え抜くことこそ、戦略を立てる最善の方法である。

　経営者のなかには、自分の望む業績目標から戦略を逆算して導き出す人もいる。たとえば、『今後5年間、売上高を年20％伸ばす』と決めて、そのための戦略を考えるわけだ。このやり方はうまくいかないと断言できる。なぜなら目標はその実現方法を語ってくれるわけではないからだ」（ルメルトの最新作『戦略の要諦』）

●戦略は行動に移さなければ意味がない

　いかに良い戦略を立てても、行動に移さなければ意味がない。

行動するとは、「戦術」を考えるということだ。では、「戦略」（決断）と「戦術」（行動）については、どう考えればいいのだろうか？

戦術とは、戦略を成就させるために、いかに戦うかを考えることであり、戦略は一度決めたら簡単に変えてはならないが、戦術は「融通無碍・変幻自在・臨機応変」でいい。日本でも馴染みの深い『三国志』の諸葛亮孔明の戦い方は、この言葉の実践版といえるだろう。

戦略と戦術を分けて考えることは、企業経営においては、非常に重要だ。

たとえば、ある会社の下請け企業として実績を積んできたとする。しかし、発注先と上下関係で仕事をしていたのでは、大きく飛躍することはできない。そこで、戦略として発注先との決別を決定したとする。

この場合、いきなり大手の仕事を断わる必要はない。下請け企業は、大手の厳しい要求をクリアしてきただけに、技術力は素晴らしい場合が多い。

その技術を活かして何ができるかを、じっくり研究することだ。新しい事業のメドがついたところで、大手の仕事を断わるようにすればいい。

沖縄の流通業「サンエー」（プライム市場）は、沖縄に進出してくる本土の大手流通業者と戦うと決めたが、自社の実力がない期間は、正面衝突を避けて、大手の進出してこないエリアに店舗を展開して、実力を蓄えた。

その結果、本土の大手企業が進出してきても、その地盤は揺るぐことなく、成長を続けている。これが戦略と戦術の使い分

けの巧みな実践例だ。

　戦略は組織のトップが立てるべきだが、戦術は可能な限り、現場に任せたほうがいい。

　孫子は、「君命は従うべきものだが、場合によっては反対したほうが良いこともある」と指摘している。

　財界総理と呼ばれ、企業経営ばかりでなく行財政改革にも辣腕を振るった土光敏夫は、「本部は前線（現場）を振り向かせるな。前線は前に進むためにある」といっている。臨機応変に戦うことが勝利への道なのだから、現場に任せればいいということだ。

　また、松下幸之助は「戦術は君の自己流で自由にやったらいい。そのほうが君の個性がでてきて面白い」といっていた。

●意図的戦略と創発的戦略
　戦略には、「意図的戦略」と「創発的戦略」があることも理解しておきたい。

　最初に立てる戦略は意図的なものだが、それを実践に移しても、必ずしもうまくいくとは限らない。しかし、実践中に、こういうことをやったほうがいいのではないか、ということが見えてくる場合がある。そうして生まれる戦略を「創発的戦略」という。

　たとえば、ホンダは、大型オートバイをアメリカで販売するという戦略を立てた。ところが、まったくといっていいほど大型のバイクは売れない。

　そんななか、現地の営業マンが移動中や休暇中に乗っていた「スーパーカブ」を売ってほしいとの声が多く聞こえてきた。

67

そこで、主力商品を「スーパーカブ」に切り替えたところ、大ブームが起きたと聞く。

　先に、戦略は簡単に変えてはいけない、と書いたが、絶対ではない。新たな戦略が創発的に生まれてくれば、切り替えてもいいと、柔軟に考えてほしい。

2 全体最適システムを構築する

> **経営のツボ**
>
> 部分最適の組み合わせは全体最適にはならない。

●全体最適のために相手の立場に立って考える

　日産再建後のカルロス・ゴーンの行動に問題があることは否めないが、就任直後にとった手法は、経営の核心を突いていたと筆者は考えている。

　日産の経営を任されたゴーンが、最初に取り組んだのは、「クロス・ファンクショナル・チーム」（ＣＦＴ＝部門横断組織）による問題把握と解決案の作成だったが、その理由を次のように説明している。

　「そもそも顧客の要求はクロス・ファンクショナクルなものである。コストにせよ、品質にせよ、納期にせよ、ひとつの機能やひとつの部門だけで応えられることではない。どんな会社でも、最大の能力は部門と部門の相互作用のなかに秘められている。しかし、どの会社にも概してこの隠された能力を無視する傾向がある」（『ルネッサンス』）

　この「隠された能力」を顕在化させるために必要なのが、「全体最適システムの構築」だと、筆者は考えている。

　全体最適とは、会社内の各部門が最適に組み合わされている状態をいうが、これが構築できていないと、部門間のつながりの部分でムダが発生し、生産性が落ちるのだ。

　必要なものを、必要な数だけ、後工程が前工程に引き取りに

行くという「トヨタのジャスト・イン・タイム」は、まさに、工程ごとの間に仕掛品を発生させないといった意味で、全体最適の良い事例といっていい。

　ところが、一般的な企業では、部門ごとで最適なシステムを考える傾向が強い。
　経理・営業・生産が、それぞれで最適のシステムを考えるとしよう。与信管理を考えた場合、経理は厳しい審査基準を設けがちになるが、厳しすぎると営業は新規顧客をとるのが難しくなってしまう。営業が、無理な受注をすると、工場は対応できなくなってしまう。それぞれ逆のケースもある。
　要するに、部分最適の組み合わせは全体最適にはならないということだ。

　各部門のリーダーが、それぞれ自部門の最適化に取り組むとどうなるのか？　いうまでもなく、「相互作用の能力」が活かされないということになる。
　では、どうすれば組織の力を最大限に発揮することができるのか。
　まず考えないといけないのは、会社全体の最適システムは、会社のトップ自らが強く関与しないと構築できないということ。また、各部門のリーダーは、会社全体にとって最適かどうなのかを判断基準に入れて、部門のシステムを構築しないといけない。
　システム構築以前の方策として、組織力を強化したいと考えるのなら、ぜひとも社内で「相手の立場に立って考える」ことのできる社員を育ててほしい。
　工場内でなら、前工程は後工程の立場に立って、社内全体で

なら、工場サイドの社員は営業の立場、営業の社員は工場の立場、経理は営業、営業は経理といった具合に、相手の立場に立って考える社員が育てば、間違いなくその会社の組織力は高まる。

●自社ならではのしくみを構築する

「全体最適」同様に、トップが先頭に立って取り組まないといけないのは、「自社最適システム」の構築だ。単純には、他社の経営のあり方にとらわれず、自社ならではのしくみを構築してほしい。

松下幸之助は、経営のコツはと聞かれて、「千差万別です。みんなやっていること、やっている場所、持てるものなどなど、すべてが違うのだから、自分のお店なり、自分の会社にとって一番いいやり方を見つければいいだけのことです」と答えている。

ところが、経営者は異口同音に、「同業他社と差別化したい」という。しかし、そうした発言をする経営者の会社は、そのほとんどが、同業他社との同質の競争に陥って苦戦している。

なぜ、差別化を意識しながら同質の競争をしてしまうのか。それは、同業者の成功事例から学ぼうとしすぎるからだと思う。

同業他社を研究することは悪いことではないが、研究したあとの対応が問題になってくる。研究すればするほど、自社がやっていない施策で顧客の支持を得ていることがわかる。まさに、差別化に成功した企業が成功しているのだ。

多くの場合、研究した結果、いい案が浮かんでこないと、同じことをやればいい、となってしまっているように思える。

同質の競争になれば、お客さんの選択肢は価格になり、必然

的に、業界ぐるみで安売り競争がはじまってしまい、結果として企業の収益力は落ちていく。

　最近は、資材の値上がり、円安、人件費の上昇等々の影響で、消費者物価は上がりつつあるが、日本は30年近くデフレ傾向にあった。これも同質の競争の結果だといえるのではないか。

　同業者の成功事例を研究したあと、どうすればいいのか、と問われれば、「そこがやっていないことをやればいい」と答える。他社が、なにをやっていようが関係ない。大事なことは、自社のお客さん、従業員、サプライヤーにとって最適のシステムを構築することだ。

　「自社最適システム」を構築するためには、同業、異業種を問わず研究することが必要なことはいうまでもない。

　しかし、重要なのは、研究し、学んだことにとらわれないで、「自前の発想」をもつことだと、筆者は考えている。

第2章

人を育て、組織力を鍛える

人材育成なくして成長なし、と心得ましょう。

2-1

人材育成なくして成長なし

　孔子より200年近く前に生きた管仲の言葉をまとめたとされる『管子』に、「１年の計画を立てるとしたら、その年内に収穫のある穀物を植えるがよい。10年の計画を立てるというのなら、木を植えるがよい。一生涯（100年）の計画を立てるのなら、人材を育てることだ」とある。

　穀物は、苗を植えると１年以内に収穫できる。木を植えると、何年か経つと一定期間果物を収穫できるし、木によっては木材として活用できる。

　短期の利益を目標にするのなら穀物を、10年なら木を植えればいいが、長く栄えるためには人材を育てることがいちばん、との教えだが、企業経営も同じだ。人材を育てないと持続的に成長できない。

経営のツボ

任せることで人は育つ。

●仕事は自分でやったほうが早い？

　人材育成で、参考にしたいのは小林一三の手法だ。小林は阪急電鉄を手始めに次々と会社を起こしたが、そのほとんどの後継社長に、自ら育てた人材を登用している。また、後継社長が育っていなくて苦労したこともないという。

74

小林は、自著のなかで、人材育成について次のように書いている。

「責任を持たせて、どしどし仕事をさせることがいちばんだ。無理に尻っぺたを叩いて追い使うことだ。ときどき、小言を言いつつ、使い回すうちには、大概の若い人には何でも出来るようになるものと信じて、その主義を実行している」（『私の行き方』）

仕事を与え任せることで人は育つ、とする小林の人材活用・育成法は実践的だ。

人材育成については、山本五十六の言葉も参考になる。

山本五十六は、「やってみせ　言って聞かせてさせてみて　褒めてやらねば人は動かじ。話し合い　耳を傾け承認し　任せてやらねば人は育たず。やっている姿を感謝で見守って　信頼せねば　人は実らず」といっているが、まさに名言と思う。

ところが、仕事を任せられないリーダーが実に多い。なぜ、部下に仕事を任せることができないのだろうか。

一般的にビジネスパーソンは、仕事を実践するに際して必要な知識、情報、スキル等々を、頭のなかに暗黙知として蓄積している。それだけに、自分がこれまでやってきた仕事を部下に任せるためには、この暗黙知を一度整理しないといけなくなってくる。

これができていないために、教えるのに時間がかかり、結果として任せきれないのだ。

優秀な上司ほど、自分でやったほうが早いと考えて、教える時間を惜しんでしまっているのだ。これでは、仕事は任せられないし、部下は育たない。自分で仕事をやったほうが早いと考えているリーダーは、ぜひとも次の言葉に耳を傾けていただき

たい。

「自分なら5分でやれる仕事を、5時間かけて部下に教えることの意義を考えろ」

本書では何回も登場してくるマコーマックの言葉だ。

5時間を惜しむことの損失は、計り知れないほど大きいと考えないといけない。逆に、自分なら5分でできることを5時間かけて教えることで出てくる成果は、限りなく大きいのだ。

筆者が中堅管理職クラスの研修会で、「仕事を任せないと人は育たない」というと、必ずといっていいほど、「何回か任せてみたのだが、思うように仕事が進まないので、我慢ができず自分でやってしまうのです」といった反論が返ってくる。

たしかにそうなのだろうが、考えないといけないことがある。それは、任せた部下にその仕事をこなせるだけのスキルがあるかどうかだ。任せたい仕事はきちんと任せないといけないが、任せる前に、部下の力を見抜き、足りないところがあれば、適宜、指導しないといけない。

それと、任せる際に心しておきたいのは、「任せた上司に責任がある」ということ。すべて部下に丸投げし、部下が失敗すると厳しく叱責するような人がいる。これでは話にならない。

松下幸之助の「任せて任さず」は、まさに本質を突いている。任せた後、上司は部下の仕事ぶりを観察し、行き詰まっている気配があれば、「何か困っていることはないか」と、声をかけるのも大事なことである。

●仕事を任せた上司を評価する

間違った評価制度で、「仕事を任せられない上司」を会社が育てているのではないかと、筆者は危惧している。

日本企業の評価基準は、個人の実績（アウトプット）を対象としているケースが多い。

個人のアウトプットが評価基準になれば、どういう現象が起きるのか。10年以上にわたって、毎年日本のサラリーマン1,000人を調査している高橋伸夫東京大学教授は、「成果主義なら、俺は若いヤツになにも教えない」（『虚妄の成果主義』）という声を聞いたという。

それはそうだろう。部下に仕事を教えた結果、部下のほうの成績が上司よりもよくなったらどうなるのか。教えたほうの自分は評価されず、部下ばかりが評価されて、出世されたらいい気持ちではいられない。

では、どうすればいいのか。

いうまでもなく、部下に仕事を任せ、育てた上司を高く評価する制度にすればいいだけのこと。口では、部下に仕事を任せろ、部下を育成しろといいながら、評価制度が、相変わらず個人のアウトプット中心では、自分でやったほうがいいとなってしまう。

ビジネスパーソンの行動様式は評価によって決まる、といってもいい。「部下を育てろ」といいながら、個人のアウトプットばかりを評価の対象にするから、体質が変わらないのだ。

経営のツボ

自ら考え、自ら行動する社員を育てる。

●指示待ち社員には指示しない

どんな人間にも「自律的欲求」がある。自分を動かすコント

ローラーは自分で握りたいのだ。社員は、自律して仕事ができればストレスを感じることなく働ける。会社は、自律的に働く社員が増えれば、管理コストが低減して収益も増える。

一般的に、世帯主の立場にある社員は、家庭内では自律している。それだけに、職場で自律できてもおかしくないはずなのに、できない人が多い。その原因は、仕事を指示されることに慣れてしまっているからだ。

かつて、「指示待ち族が多くて困っている。どうすればいいか」と聞かれたことがあるが、筆者は単純に、「指示をしなければいい」と答えたことがある。

人は、指示を受けることに慣れてくると、自ら動かなくなってしまう。自ら考え、行動する社員を育てたいのなら、指示は最低限にとどめないといけない。

◉考える社員を育てるには質問を投げかける

ただし、指示をしないだけでは、考える社員を育てるには限界がある。本人任せにしていたのでは、育つものも育たない。

考える社員を育てるうえでは、「ソクラテス式問答法」を参考にしたい。古代ギリシアの哲学者ソクラテスは、生徒に答えを教えることはしないで、質問を投げかけ続けて、自ら気づくようにリードしていったという。

経営でも、ソクラテス的問答法は効果的だ。同じことに気づいたとしても、自ら気づくのと、指摘されてから気づくのでは、その後の行動様式が変わってくる。やらされ仕事では意欲はでてこないが、自ら気づいた仕事には熱意をもって取り組むようになり、生産性も高くなるのだ。

同様の指摘を経営学者のレビットもしている。

「経営者が行なうべきもっとも大切なことは、単純な問いを

投げかけることである。我々はなぜそれをするのか。なぜそのようにするのか。代替案は何か。そのコストはどのくらいか。なぜコストが上がるのか。それをもっと安く、上手にやれるのは誰か——優れた経営者がこうした類の問いかけをするのは、部下たちが考えるように仕向けるためである」（『優良な経営者』）

◉優良な経営者は質問上手

　私の知る優良な経営者にも、質問上手なタイプが多いが、沖縄の「サンエー」（プライム市場）創業者折田喜作が、その代表的な存在だ。

　折田が1986年度に掲げたスローガンは、「もっと（同社では『まだまだ』と表記）いい方法はないか考えよう」というものだった。

　当時、同社の社員には一生懸命、真面目に働くタイプが多かった。しかし、熟考なしに行動するものだから、いかんせん非効率。ムダな働きは、企業にとっての損失ばかりでなく、頑張っても成果が上がらないのだから、働く本人も辛い。

　そこで、このスローガンとなったのだが、１年経っても成果が出てこなかった。したがって、翌年も同じスローガンが続けられたが、それでも満足できなかった折田は、翌々年も同じスローガンを掲げている。

　さすがにその後は、この「考える」をスローガンにすることはなかったが、1989年には会社の玄関口に、彫刻の「考える人」を鎮座させている。

　サンエーの2024年２月期の売上は2,101億9,000万円、経常利益168億9,000万円だったが、この好業績の原動力になっているのが、この「考える」ことへのこだわりにあると、筆者は理解している。

アマゾン創業者・ベゾスも折田同様、「もっといいものにするにはどうすればいいのか。効率を上げるためにはどうすべきなのか」と、問いかけ続ける経営者だと聞く。アマゾンの現場では、現状の作業を別の角度から見直すように促され、新しいことを試してみることが奨励されているとのことだ。

　現状のやり方をベストだとは思わないでほしい。いまベストだと思っているやり方は、それを考えた時点でのベストに過ぎないということだ。間違いなく「時」は流れている。時とともに従業員のスキルは上がるし、世の中も変化していく。

　時勢に合わせ、「もっといい方法はないか」と考えて、新しいことにチャレンジし続けなければ、組織は衰退に向かっていく。

経営のツボ

「継続学習」が「無限の知恵」の源泉になる。

◉ 「知恵」が競争力の源泉になる

　厳しい環境のなか、好業績をあげられるのは、従来以上に、「組織ぐるみで知恵を出し、その知恵を行動に移せる」企業だ。

　需要が旺盛な時代には、社員が一生懸命、真面目に働けば、一定レベルの成果は手にすることができたが、競争と変化の激しい環境下では、斬新なアイデアがなければ顧客を獲得維持することはできない。要するに、「知恵」が競争力の源泉になるということだ。

　では、知恵はどうすれば出てくるのか。

　先に書いたように、単純な問いを投げかけることで、社員は

80

考えるようになり、それにつれて知恵も出てくる。しかし、それだけで出てくる知恵には限りがある。なぜなら、知恵は、知識と知識の組み合わせで生まれてくるものだから、既存の知識だけでは、時勢の変化に対応できるような斬新な知恵は出てこないのだ。

では、無限の知恵が出せるような社員を育てるためには、どうすればいいのか。

何より大切なのは、「学習する機会を与える」ことだ。2,500年以上も前に孔子は、「私はかつて、１日中食事をせず、寝もしないで考えたが、得るものは何もなかった。やはり、学習に勝るものはない」といっている。

いくら頭をひねっても、学んで知識を蓄えないと知恵は出てこないのだ。

◉仕事を通じて身につく実践的知識

従業員の学習が、成長の原動力になることは、アメリカのサウスウエスト航空（ＳＷＡ）を見ればよくわかる。

「従業員が学ぶ意欲を失っていたら画期的な戦略は生まれず、資金も資源も豊富な他社と競い合うことはできなかった。生涯学習の意欲に燃える従業員の警戒心を鍛え、知識と創造力を磨いている。そいう従業員のお陰でＳＷＡは、常に新しい方法を考え、業務の簡素化やコスト削減、顧客サービスの向上に取り組める」（ケレハー『破天荒』）

同社は、チケットレス、軽食は搭乗口前で出す（片づけが楽）、自由席等々の他社にはないアイデアで、成長してきたが、その原動力になっているのが、「学習意欲」だと、考えればいい。

それだけに、会社サイドは従業員に学ぶ機会を積極的に与え

る必要があるが、学ぶべき知識には、大きくは「学校や本から学べる論理的知識」と「仕事を通じて身につく実践的知識」の２つがあることを、まずは理解しておいてほしい。

ビジネスパーソンにとって、大切なのは実践的知識だ。なぜなら、これはやった本人だけが持つ固有の知識になるからだ。

とりわけ、若い人たちには、積極的に新しい仕事にチャレンジさせて、より多くの経験を積ませることが大事になってくる。なぜなら、斬新なアイデアは、「論理的知識」と「実践的知識」の組み合わせで生まれてくるからだ。

最近は、新しいスキルを身につけるリスキリング（学び直し）の重要性が説かれているが、それはそれとして、何より大事なのは「継続学習」だ。なぜなら、変化の激しい時代では、常に新しい知識を頭に入れておかないと取り残されてしまうからだ。

中国戦国時代の儒学者「荀子」は、「学ぶことは、途中でやめてはいけない。青色は藍の草から取り出すのであるが、藍よりも青く、氷は水からできるのであるが、水よりも冷たい」といっている。

これは、学び続けることによって、弟子は師匠を超えることができる、との意味で、「出藍の誉れ」の語源だ。社会人になってからの学習が、人を成長させると筆者は考えている。

日本マクドナルド創業者の藤田田は、「事業を永遠に続けていくためには将来の人材を養成しなければならない。組織のなかの誰がいなくなってもすぐその穴をうめられる代役を常に育てていなければならない。だから、わたしは、社員を徹底的に教育する。教育は死ぬまで続くのである」といっている。まさに、「100年の計は、人を育てるのにまさるものはない」という

ことだ。

ビジネスでは、何でも学習の対象になるのだが、異業種から積極的に学ぶことをおすすめする。

トヨタ生産システムの「後工程が前工程へ、必要なものを必要な量だけ必要なときに引き取りにいく」というジャスト・イン・タイムの最初の頃の呼称は、「スーパーマーケット方式」だった。

世界一の小売業ウォルマートの創業者は、「会社を大きくしていく過程で、もっとも勉強になったのは、日本に品質管理の重要性を教えたデミング博士の本だった」（『私のウォールマート商法』）といっている。

デミング博士の指導で生まれたQC活動は、日本のものづくりの原点ともいっていい。

世界一のものづくりは小売業から学び、世界一の小売業はものづくりから学んだ——この事実が異業種から学ぶことの大切さをなによりも証明している。

経営のツボ

知恵をだす技術を身につける。

●３つの思考する技術

知恵は、基本的には考えればでてくるものだが、世の中には思考する技術がいくつもある。

垂直思考、水平思考、デザイン思考、エッセンシャル思考等が代表的なものだが、筆者がお勧めするのは、「類推思考」、「なりきり思考」と「拡散思考＋集中思考」の３つだ。

①類推思考

　思考法のひとつに「類推思考」というのがある。自分たちとは違う分野の事例をヒントにアイデアを出すというものだが、先の「トヨタ生産方式」とデミングに習ったウォルマートは、そのいい例だ。

　他にも、Ｆ１のピットクルーの作業をヒントにアイデアを出した例がいくつかある。

　ひとつは、アメリカの航空会社「サウスウエスト航空」だ。

　同社は、乗客を乗せた飛行機が空港に到着してから、乗客・荷物を降ろし、掃除をして、乗客・荷物を積んでブリッジを離れるまでに10分しかかからない。飛行機の稼働率が高まるので、他社よりも安い料金設定で十分に利益が出る。このとき参考にしたのがＦ１のピットクルーの作業だった。

　２つめは、アメリカの「モービル石油」のスタンドだ。

　スタンド内での車の滞留時間が長く、効率が悪かった。この改善案を考える際に参考にしたのがＦ１のピットクルーの作業だった。

　３つめは、鹿児島のスーパーセンター「マキオ」だ。

　同社は過疎地で24時間営業の大型店を成功させて話題の会社だが、車検工場も持っている。軽自動車の車検に特化しているが、お客さんが買い物をしている間に、車検をすませてしまう。この車検工場の生産性が同業よりも圧倒的に高いのだが、そのシステムは「Ｆ１方式」と呼ばれている。

　社員に斬新な知恵を出させたいのなら、異業種を研究させることをお勧めする。

②なりきり思考

　文字通り、対象物になりきって考える思考法。いちばんは、

お客さんの立場で考えることだが、ビジネスでは、取引先、上司、同僚、部下、前工程、後工程の立場で考えることを意味している。

しかし、対象物は人間だけではない。たとえば、いいリンゴを育てたいのなら、リンゴの気持ちになって考えればいいということだ。

筆者に、この思考法を伝授してくれたのは、東洋精米機製作所（現・東洋ライス）社長の雑賀慶二だ。

1950年生まれの筆者が子どものころは、炊き上げられた米のなかに混ざっている小さな石を噛んでしまうことがよくあった。食糧事情が悪いときには、米があるだけでありがたく、石が混ざっていても誰もクレームはつけなかった。ところが、豊かになるにつれて、「石を噛んだ。親父を呼べ」といったクレームが、消費者から米屋に、米屋から雑賀のような精米業者に持ち込まれるようになってきた。

精米機メーカーに「石抜き機」を開発してほしいと話をしても、「無理です。日本人はずっと米を食べているのに、いまだにできていないのは、不可能ということです」というばかりだったと聞く。

しかし、得意先の米屋が困っているのだから何とかしたいと考えた雑賀は、できるとは思っていなかったが、自分も努力している姿を見せたいという気持ちで、開発に取り組んだのだ。

技術の勉強をまったくしていない「ど素人」の雑賀が、なんと1年後の1960年には、「石抜き機」を完成させたのだが、何がそれを可能にしたのか。雑賀は、開発のころを振り返って、次のように説明している。

「精米機の販売をやっていて、ある程度の米についての知識や機械のメカニズムを理解していたことがよかったのではない

85

か。それと、米や石になって考えるという、私の発想法がよかったのではないでしょうか。小学校6年のときに終戦になり、一気にものがなくなりました。飢えとの戦いで、川の魚、鳥、野草と、とにかく食べられるものは何でもとってきましたよ。しかし、鳥も魚も、私に捕まろうとしているわけではないから、知恵比べですよ。うなぎひとつ捕まえるにも、『こういう仕掛けのときにはどう動くのか』といった具合に、自分がうなぎになりきって考えていました。10代のころからそういう修行をしていたことが、後々の機械の開発に生きているようです。『石抜き機』の開発に際しては、自分が石になりきり、そばに米があるとどういうふうになっていくのかとイメージして、発想を重ねていきました」

　この話を雑賀から聞いたとき、筆者は「そういう思考法は、あなたにしかできないのでないか」と質問を投げかけたのだが、そのときの答えは、「自転車に乗るのと同じで、他の人のやり方を見て、そのうえで試してみれば誰でもできるようになります」というものだった。

　現に、その後、同社が他社に先駆けて開発した、水で洗わない無洗米などは、雑賀の指導を受けた若い社員が手がけたと聞いている。

　ちなみに、この無洗米は、粘着性のあるぬかの性質を活かして、ぬかでぬかをとるという画期的なものだが、これも「ぬかの気持ちになって考えた」から生まれたものだ。

　ただし、「なりきる」ためには、対象物のことを徹底的に研究する必要があることを付言しておく。

③拡散思考＋集中思考

　筆者は、取材経験から人には、集中して考えることでいいア

イデアを出す「集中思考」タイプと、ゆっくり時間をかけて発想を拡散させながら考える「拡散思考」タイプがあると思っている。

「集中思考」の典型的なのは、マブチモーターの馬渕隆一だ。馬渕が、世界に通用するモーターの開発に成功したころの話になったとき、氏は、「当時は３日間の徹夜なんかは平気だった。夜寝るのが惜しいぐらいだった」と、楽しげにいう。馬渕は、集中して考えることでアイデアを煮詰めていくタイプだった。

比して雑賀は、「石抜き機を開発したい」と願いを持ってからは、四六時中、そのことに思いをめぐらすようにして、１年後に完成させているから「拡散思考」タイプといえる。

どちらがいいかの判断はつかないが、筆者が推奨するのは「拡散思考＋集中思考」で、アイデアが、一定のレベルにくるまでは「拡散思考」で、めどがついてからは、集中してアイデアをまとめる、というやり方だ。本人の口からは聞いていないが、雑賀にしても、最後は集中して考えているに違いない。

「拡散思考＋集中思考」タイプとしては、島精機製作所創業者の島正博がいる。

島が開発した、糸から一気に３次元のニット製品をつくり上げる「ホールガーメント」は、画期的なコンピュータ制御の横編機だが、氏の開発のプロセスは、「拡散思考＋集中思考」といえる。

島は、開発テーマを決めると、専用のＡ４の方眼紙に、思いついたアイデアを書きとめ、頭のなかに記憶づけておく。そして、折に触れてアイデアを昇華させていき、最終的には試作品まで頭のなかでできあがるようになったと聞く。

この「拡散思考＋集中思考」は、会議にも有効だ。

たとえば、「会議の削減」をテーマに、週１回の会議を２か

月程度続けて行なって、解決策を出すようなやり方は感心しない。それよりも、参加予定者にテーマを２か月前に与えて準備させておいて、２か月後に、時間をかけて集中して解決策を見つければいい。最後は、極端な話、合宿でもいい。そのほうがはるかに効果的だと思うが、いかがなものか。

> **経営のツボ**
>
> 失敗から学ぶ。

◉成功を手にする人は失敗から学んでいる

　中国の古典『漢書』に、「前車の覆るのは、後車の戒めとなる（前人の失敗をみて、後人は戒めとすべき）といわれております。始皇帝の秦はきわめてすみやかに亡びてしまいましたが、いかにして亡びたかの轍の跡はみることができます。しかるに、その轍の跡を避けないならば、後からゆく車もすぐに覆ることでしょう。国家の存亡、治乱のかぎは実にここにあるのです」とある。

　この教えは、失敗から学ぶことの大切さを説いているが、企業家で成功を手にできる人に共通するのは、失敗から学んでいることだ。

　『失敗の科学』の著者マシュー・サイドは、「誰もがみな本能的に失敗を遠ざける。だからこそ、失敗から積極的に学ぶ、ごくわずかな組織と人だけが『究極のパフォーマンス』を発揮できるのだ」といっている。

①**優良なリーダーは、失敗から学ぶことに長けている**

　ＩＢＭの二代目経営者、トーマス・Ｊ・ワトソンは、「成功を手にするためには、失敗を２倍に増やすことだ。失敗は成功の敵と思われているが、それはまったく違う。失敗して落胆するか、あるいはそこから学ぶかだ。前進してできるだけ多く間違いをするのがいい」といっているが、日本でも優良な経営者は、失敗を糧にして成功を手にしている。

　本田宗一郎は、「成功というのは、99％の失敗を土台にしている」といっていたし、日本マクドナルドの創業者藤田田は、筆者の「これまで失敗されたことはなかったのですか」との問いに、「思いが及ばなくてうまくいかなかったことはある。世間ではそれを失敗というのだろうが、私は違う。次に思いを及ばせてチャレンジするだけのこと。世間でいうところの失敗は、私にとっては成功への第一ステップにすぎない」と答えている。

　最近の経営者で、失敗を活かすことに長けているのは、ユニクロ創業者の柳井正だ。柳井の著書『一勝九敗』に次の記述がある。

　「経営は試行錯誤の連続で、失敗談はかぎりなくある。10回新しいことをはじめれば９回は失敗する。しかし、その９回の失敗が１回の大きな成功をもたらしてくれる」

　柳井は、1997年に新業態としてはじめた「スポクロ」「ファミクロ」を両店合わせて35店舗まで展開したが、１年以内に撤退している。また、食品事業でも失敗を経験している。

　いまのユニクロは、海外での売上、利益が国内のそれを超えているが、初期の頃の海外出店はことごとく失敗している。しかし、そうした失敗体験がなければ、今日のユニクロはなかったとするのが、柳井の考えだ。

アマゾン創業者ベゾスのように、失敗を実験ととらえて前向きな失敗を促す経営者もいる。

　「アマゾンにとって『実験』は生き方そのものだ。事業を上向かせるために、部署の全員が新しいことを試すように促している。うまくいかないことがあっても、行動した社員が罰せられることはない。何がうまくいかなかったかを見直して、そこから学べばいいのだ。

　実験は、その性質からしても失敗しやすいものだが、それでもやるべきだと思う。何十回も失敗するかもしれないが、一つ大きな成功をすれば十分取り返せるのだから…。失敗は決して、無能の表れでも手抜きでの結果でもない、新たな考えや手法に挑戦する以上、失敗も当然起こるものだと考える。だが、全力を尽くしていない取り組みに対しては、一切容赦しない。

　すべての失敗は、能力を高める機会である。失敗という言葉の定義が、『悪い』や『間違い』から『学ぶチャンス』に変わったことで、アマゾンの社員は自分の仕事のパフォーマンスを考え、見つめ直すようになった。いいかえれば、失敗の考え方を変えたことが、社員をエンパワーしたのだ」（『ベゾスレター』）

　多くのリーダーは、異口同音に、「失敗を恐れずにチャレンジしろ。失敗してもあとは俺が責任をとる」とはいう。

　ところが、失敗の報告を受けたときには態度が一変する。失敗したことを報告すると、それが前向きに取り組んだ結果であっても、「なぜ、そんな無茶をしたんだ。責任をどうとるつもりだ。今度のボーナス、覚悟しておけよ」というタイプが多いのではないか。

　『失敗の科学』のサイドが指摘するように、人間は、本能的に失敗を遠ざけようとしているのに、こんな仕打ちを受けると、

ますますチャレンジしない従業員が増えるので、「究極のパフォーマンス」とは縁遠くなってしまうと言わざるを得ない。

　失敗から学ぶことに長けたリーダーが率いる組織の共通項は、「失敗に寛容な風土」にある。筆者は、失敗から学ぶことは、最も費用対効果が高いと考えているが、失敗に寛容な組織でなければ、失敗から学ぶことはできない。

　ただし、失敗をするだけでは学びにはならない。失敗から学ぶためには、どうすればいいのか。筆者が推奨したいのは、本田宗一郎の考えだ。

　「失敗したあと、なぜ失敗したのかを科学的に分析し、また挑戦すればいい。次も失敗するかもしれないが、また分析して、再度挑戦することだ。挑戦⇒失敗⇒分析⇒挑戦⇒失敗⇒分析…の繰り返しが、画期的なものを生み出す」

　柳井の失敗の活かし方も本田流といえる。

②意図的な失敗を繰り返すことで最適解を見つける

　失敗から学ぶ手法のひとつに、「ランダム化比較試験」（ＲＣＴ）がある。

　たとえば、どのような品揃えの店が顧客の支持を得られるのかを知りたい場合、品揃えの異なるＡタイプ、Ｂタイプの店を同時に出店するといったやり方だ。Ａ店の売上げが多かったとすると、次は、ＡタイプとＣタイプの店を同時に出店する。これを何回か繰り返すと、品揃えの最適解が見つかるというわけだ。

　『失敗の科学』には、「ランダム化比較試験」の事例として、グーグルの取り組みが、次のように紹介されている。

　「あるとき、グーグルのトップデザイナーが、ウェブサイトに使う新たな青色のアイデアを出した。彼はその色に変更すれ

ば、広告のクリック率が上がると予測していた。しかし、本当に彼が正しいかどうか、グーグルはどうやって確認すればいいのだろうか。

　従来なら、まず実際に検索ページの色を変えてみて、どんな結果がでるか調べる。しかし、これはあきらかに問題がある。この方法では、たとえ広告のクリック率が上がったとしても、その原因は色を変えたことなのか、それ以外のことなのか判断ができない。しかも、『色を変えなかったら、もっとクリック率が上がっていたかもしれない』という反事実も確認できない。

　そこで、あるマネジャーが検証を行なうことにした。彼はまず、デザイナーが選んだ色よりわずかに緑がかった青を用意した。そして、ユーザーがグーグルの検索ページを開くとランダムにどちらかの青のページに誘導するように設定し、そのあとの行動をモニタリングした。これぞRCTだ。結果は明白だった。緑がかった青のページのほうが、広告のクリック率が高かったのである。その後、全41種類の青色を用意して、RCTを実施して決めている」

　ソフトバンクは携帯電話の販売活動に、ワークマンは出店戦略に、この手法を使ったと聞いている。

　最低でも2つを同時に試すRCTでは、どちらかひとつは失敗例になる。いってみれば、意図的な失敗を何回も繰り返すことで、最適解に近づいていくという手法だが、これは自然界の進化のプロセスと同じだと、『失敗の科学』には書かれている。

　進化は自然淘汰によって、つまり「選択の繰り返し」によって起こるというのだ。

> **経営のツボ**
>
> 歴史（古典）から学ぶ。

●中国古典などの教えには経営に通じるものがある

　チンギス・ハーンとその息子オゴディ・ハーンに仕えた耶律楚材は、「千古のもと、おのずから定論あり」（中国人が1,000年もかかって築いてきた知恵には、動かしがたい道理があるのだ）といっているが、中国に限らず西洋も含め、古来伝えられ、いまに残る教えには、経営に通じるものが多々ある。

　日本の歴史をみても、優良なリーダーは中国古典から学んだといえる。

　遣隋使を派遣した聖徳太子の「和をもって貴しとなす」にしても、同じ言葉が「論語」にある。

　渋沢栄一の経営哲学の基盤にあるのも中国古典だ。

　江戸時代後期に、衰退した地域を復興させた二宮尊徳の手法は、「収入（分）に応じて、一定の支出限度（度）を決め、その範囲内で生計を営み、そこから余剰金を生みだす」というものだが、これも中国の古典『礼記』の「入るを量りて、もって出ずるを為す」をベースとして考えだされたものだ。二宮は、人材活用にもすぐれた人だったが、ここでもつかわれた手法は「論語」の教えによるものだった。

　西郷隆盛の言葉を書き残した『南洲翁遺訓』には、中国古典からの引用が随所に見受けられる。

　三島由紀夫の座右の書としても知られる『葉隠』は「鍋島論語」とも呼ばれているが、そのベースにあるのは中国古典の教えだ。

　戦後日本の偉大な経営者、松下幸之助や本田宗一郎の経営哲

学にも、古典の教えが随所に活かされている。

　そこでお勧めしたいのは、歴史から学ぶことだ。日本の老舗企業の社訓には、中国古典からの引用も多い。

●歴史を学べば未来まで予測できる

　歴史から学ぶことの意義はどこにあるのか。

　孔子よりも200年以上も前に生きた管仲（前730年頃～前645年）の言行をまとめた書物とされる『管子』に次のように記述されている。

　「現状を理解できないときには、昔のことから推察するのがよいでしょう。未来を予測できないときには、過去を振り返ってみるのがよいでしょう。すべてのものごとは、現われ方は異なっているようでも、その法則性は古今を通じて同一なのです」

　歴史を学べば、現状を理解できるだけでなく、未来まで予測できるとの指摘だが、イギリスの元首相、ウィンストン・チャーチルも管仲と同じ考えだったようで、「過去を遠く遡るほど未来も遠くまで見通せる」との言葉を残している。

　日本でも、本田宗一郎が、「歴史は、現代を支え、未来を組み立てる。歴史を否定して、現代は理解できないのだ。未来の方向に正しく向くには、歴史を背景に持たなければならない。たしかに歴史は多くを教えてくれる。反省の材料も与えてくれる。適切な助言もしてくれる」（『得手に帆をあげて』）といっている。

　管仲は中国の春秋時代の人間だ。そんな管仲と、チャーチル、本田宗一郎が、まったく同じ趣旨の発言をしている。まさに、この法則性は古今ばかりでなく、東西も通じて同一なのだ。

●歴史は人間の本質を学ぶこともできる

歴史は、現状と未来を教えてくれるだけではない。人間の本質を学ぶこともできる。

最近は、人間の心を研究する心理学、行動経済学、脳科学等々の学問が進化してきたが、人間の行動パターンを知るうえでは、歴史がいちばんの教材になる。

「脳力開発」の提唱者城野宏は、「歴史上の人物たちが、人間の行動学を実際に示してくれている。古代人も現代人も脳の反応は同質なのだから、我々にとって古代人の人たちがとった行動、活動は人間を知るためには、大いに参考になる」といっている。

「経営でいちばん難しいのはピープルマネジメント」といって過言ではない。

松下幸之助は、「人間一人ひとりの豊かな個性を最大限に活かしきることに全精力を使うのが事業を成功に導く絶対条件だよ。そのためには、君、人間を好きにならんといかんで、人間を好きになるためには人間を研究せんといかん」との考えで、「PHP」を設立したと聞いている。

歴史からは、現状が理解できるばかりでなく、未来をも予測することができ、さらには人間学も学べるのだから、古典を読まない手はないだろう。

2-2

組織力を鍛える

　人を育てることは基本的条件だが、それだけでは収益力は高くならない。69ページに書いたように、全体最適のシステムの構築が絶対条件になる。

　しかし、企業にはいくつもの部門があるだけに、それぞれの部門がフルに力を発揮しなければ、全体最適システムは機能しなくなってしまう。

　そこで大切になってくるのが、「チームプレー」だ。

経営のツボ

チームプレーで収益力を高める。

●チーム力を高めてスピーディに仕事を遂行する

　『易経』に、「甲乙の二人が、本当に一心同体になれば、その鋭利さは、固い金属をも断つことができる」とある。

　これは、「断金の交わり＝固い友情」の語源であり、どんな優秀な人間でも個人の能力には限界があって、それを打破するのがチーム（組織）の力なのだと、解釈すればいいだろう。

　経営思想家、ミュラータイムも、「それぞれが50キロの力を持っているとすると、1人では50キロの石しか動かせないが、2人が同時に力を合わせれば、100キロの石を動かせる」（『組織哲学シリーズ』）と、同様の指摘をしている。

1人が50キロ、もう1人が50キロを別々に動かしても、計100キロを動かせるのだから、2人が力を合わせるのと同じではないか。そう思われるかもしれないが、それは違う。

1人で50キロ動かせる者が何人もいれば、その価値は高くない。ところが、100キロを動かせる人はより少ないであろうから、その価値は高くなるのだ。

アップルの創業者スティーブ・ジョブズ氏は、「偉大なことはチームで成し遂げる」と説いているが、これはアップルに限った話ではない。

業績に秀でたGAFA（グーグル・アマゾン・フェイスブック・アップル）と呼ばれる企業群は、そのいずれもが、チーム力を駆使して、素早く製品なり、新たなサービスを世に出すことで、好業績を手にしている。

いまのように変化の激しい時代には、チーム力を高め、組織として、スピーディに仕事を遂行することが大きな武器になる。

『ウーダループ』の著者チェット・リチャーズは、戦いにおける空中戦を例に、「敵に先んじる1分が勝利を呼び込む。スピードが最大の武器。スピードを有効活用することにより、規模や技術などの敵側の物理的な優位性を相殺し、最終的には無力化できる。量的優位性は勝利の優位性にならない」と語っているが、これは企業経営でも同じだ。それを証明しているのが、GAFAのような企業群だと考えればいいだろう。

●チームプレー＝和気あいあい・仲良くではない

多くの日本人は、チームプレーは日本のお家芸と思っているはずだが、それはいまや幻想のようだ。

日系二世・齋藤ウィリアム裕幸の著書『ザ・チーム』に、「日

本には人の集まりであるグループはあるが、目的達成のために熱意を持って助け合うチームがない。アメリカは個人主義の国といわれるが、同時にチームの国である。個人としていかに優秀でも、チームメンバーとして能力が発揮できなければ、評価されるのは難しい」と書かれているのを読んで、まさに目からウロコだった。

なぜ、日本にはチームがないと言われてしまうのか。

その原因は、和気あいあいと仲良く仕事をすることがチームプレーだと錯覚しているところにあると、筆者は考えている。

日本では、チームプレーには和が大事だとされているが、これに異論はない。しかし、和の意味をどうとらえるかによって結果は変わってくる。

和とは仲良くすることではない。本来の和は、「主体性を持った個人が調和する」ことで生まれるものなのだ。互いに切磋琢磨する風土がなければ、レベルの低いチームプレーとなり、勝利を手にすることはできない。

それに比して、ＧＡＦＡのような企業は、高い目標を掲げ、その実現のために、お互いが意見をぶつけ合いながら、一致協力してチームで仕事を遂行している。ゆえに、目標が短時間で達成でき、大きな成果をあげることができるのだ。

●日本の評価制度に問題がある

なぜ、「日本にはチームがない」と言われてしまうのか。

その一番の原因は、日本の評価制度が個人の実績重視になっているところにある、と筆者は考えてきたが、経営学者の舟津昌平が同じような指摘をしている。

「成果主義と聞いたとき、個人ではなく、チームの成果主義を思い浮かべてという人はいるだろうか。たぶん、あまりいな

いと思われる。なぜなら、成果主義が個人と強く紐づくのは日本特有の傾向であり、日本人はなぜか成果主義と個人の成果を直結させる傾向があるからだ。世の中、チームで動く仕事のほうが圧倒的に多いにもかかわらず、成果を問うとなると、とたんに集団が頭から離れてしまい、個人プレーが想定されるようになる。われわれは、謎めいた思考のクセをもっている」（『経営学の技法』）

　チームプレーを大事にするのなら、チームに貢献した人を高く評価しないといけないのに、それができていない。ここに大きな問題があるのだ。

　逆に、チームの成果を評価基準に置くアメリカの企業の例を紹介したい。

　いまや、アメリカの鉄鋼企業の最大手は、日本製鉄による買収問題で話題のＵＳスチールでなく、「ニューコア」になっている。

　ニューコアは、直近の10年で営業利益は５倍になったと聞く。その要因を同社のスティーブ・ラクストン最高財務責任者は、「現場こそが会社の存在意義だ。チームが私たちを勝たせてくれる。我が社では、製造担当者と監督者、品質管理者がチームを組んで働き、給与の３分の２は成果給だが、評価の対象は個人ではなくチームだ」（2024年７月８日／日本経済新聞）と、語っている。

　本来、日本企業の強みだったとされる現場、チームが、いまやアメリカ企業の成長の原動力になっているのだ。

　古い話で恐縮だが、チームへの貢献度を年俸に反映させることで優勝したのが、1999年のダイエーホークスだ。

　当時の同球団の問題点は盗塁数の少なさとランナーが一塁に

いるときの平均打率の低さだった。それに気づいた球団副社長の高塚猛は、盗塁のチャレンジ数とランナーが一塁にいるときの打率の評価を高く設定した。

すると、前年57だった盗塁が97に増え、ランナー一塁のときの平均打率は3割2厘となり、平均打率は前年並みの2割6分にすぎなかったにもかかわらず、見事優勝している。

人は評価基準に準じて行動するということを無視した施策は、百害あって一利なし、と指摘しておく。

◉「社会的手抜き」に気をつけろ

チームプレーを実践するに際しては、「社会的手抜き」について気をつけないといけない。

心理学者の釘原直樹は、「人は集団で仕事をする。しかし、集団になると人は怠け、単独で作業を行うよりも一人当たりの努力の量が低下する」（『人はなぜ集団になると怠けるのか』）といい、これが「社会的手抜き」だと定義づけている。

その根拠になっているのは、20世紀初頭、フランスの農業技術者リンゲルマンの実験結果だ。

綱引きや荷車を集団で引くとき、1人の力を100％とした場合、二人の場合は93％、3人85％、4人77％、5人70％、6人63％、7人56％、8人49％といった具合に、人数が増えるにつれて、1人が出す力は減少していったという。

社会的手抜きがなぜ起きるのか。その原因として、釘原は、人は、自分が頑張っても、それが集団全体の業績にはあまり影響しないと考える性向があるからではないか、また、集団で仕事をする場合、メンバー間の調整が難しいからだと指摘している。

チームプレーで成果を出すためには、同じ目的に向かって同

じタイミングで力を合わせないといけないのだが、これが難しいのだ。そこで重要になってくるのが、チームを束ねるリーダーの存在だ。

「人間には、生まれついて欲望が備わっているから、統率する人がいなければ乱れてしまう」（『書経』）。

これは真理といえる。優秀な人材の多いグーグルで、創業3年目の頃、「脱組織化」の名のもと、マネジャーを置かない組織をめざしたが、まったく機能しなかったという。

チームを成功に導けるリーダー像については、1－1項（16ページ）を参照してほしい。

◉「心理的安全性」は確保されているか

チームプレーが機能しているかどうかは、「全体が部分の総和を上回っている」（アリストテレス）かどうかで判断すればいい。

5人いて5人分の仕事をするのであれば、チームを組む必要はない。5人いないとできない仕事、5人力を合わせると大きな成果が期待できる仕事が遂行できていれば、チームは機能していると考えて間違いはない。

では、どうすれば、「全体は部分の総和を上回る」ことができるのか。

チームの生産性を高める要因は何か、その答えを導き出すために、グーグルが取り組んだ「アリストテレス・プロジェクト」では、チームプレーで生産性を高める要素の土台になるのが「心理的安全性」だと結論づけている。

「心理的安全性」と聞くと、メンバーが仲良くすることで高まると考えるかもしれないが、断じてそうではない。グーグルの調査チームを率いたピョートル・グジバチは、「お互いに高

101

め合える関係をもって、建設的な意見の対立が奨励される組織」
（『心理的安全性・最強の教科書』）と定義づけている。

　「心理的安全性」の高いのは、お互いに意見を言い合いながら安心して働くことができる職場のことなのだ。

　翻って、日本の職場は心理的安全性が確保されているのかどうか。筆者は、多くの職場で確保されていない、と認識している。

　超優良企業のトヨタ自動車でも、「心理的安全性」があるとはいえない。2024年から問題になっているトヨタグループの相次ぐ不祥事の原因は、「忖度」にあるといっても過言ではない、と私は考えている。

　2024年1月31日の日本経済新聞の記事は、「トヨタ自動車グループの不正が止まらない」との見出しをつけて、その原因として「硬直的な開発日程」「ものを言えない空気」等々をあげていた。

　単純には、上層部から現場に「ムリ」な要求がなされ、現場は「ムリ」なのはわかっているのに、「できないと言えぬ風土」があったようだ。

　グループビジョン説明会（2024年1月30日）で、豊田章男会長自らが「トヨタにものが言いづらい点もあると思う」と発言しているので、事実そうなんだろう。

　周知のように、トヨタでは「ムリ、ムダ、ムラ」の「3ム」の排除に組織をあげて取り組んできている。それなのに、グループぐるみで「ムリ」が横行していたのでは、現場が疲弊するばかりだ。

　経営の現場においては、ムリをしないといけない局面もある。しかし、ムリは一時的にしか通用しない。ムリを重ねると組織

が崩壊しかねないことを肝に銘じておきたい。

トヨタ自動車三代目社長の石田退三は、従業員に対して「余裕のあるマイ・ペース」を推奨し、「ムリも、ムダも、ムラもいけない。いわゆる３ムの排除が完全に行なわれなければならない」と話していた。

先の説明会で章男会長は「余裕がなかった」とも発言したが、「余裕をもって３ムを完全に排除」していれば、こんな状況にはならなかったのではないか。

これでは、「日本にはチームがない」と指摘されても、甘んじて認めるしかない。

帝王学の書として知られる『貞観政要』では、「個人的に不和となることを避けたり、相手の面目を失わせることを気の毒に思って、明らかに非であることを知っても正すことをせず、そのまま施行するものがある。これは大きな弊害を招き、組織を滅亡させる原因となる」と、忖度を諫めている。

心したいものである。

経営のツボ

下達上通型の組織をつくろう！

●上意下達でも下意上達でもない

バブル崩壊前までの日本企業は、現場が問題を見つけ出して上層部に報告し、上層部は現場の意見を尊重して、現場で解決できる問題は現場に委ねるというしくみが機能していた。

それが、1990年代半ば以降、現場の思いが上層部に伝わらなくなってきた。なぜ、そうなったのか。その原因は、厳しい経

済環境に直面した経営者の多くが、現場に口をはさみだしたからだ。経営幹部が、現場を歩き、従業員の思いを聞くのは大事なことだが、管理目的で現場に顔を出すのはいただけない。

　ここ数年、大企業や有名大学の運動部で不祥事が多発しているが、その原因の多くは、管理主導の上意下達型のマネジメントにあるとされているが、それすら機能していない企業が多いのでないか。

　2023年3月29日の日本経済新聞夕刊に、「経営層が若手社員に教えを請うリバースメンタリングが最近広がっている」という記事があった。そこには「新発想で下意上達に」とのサブタイトルがつけられていた。

　数年前から、盛んに上意下達型組織の弊害が指摘されていたが、なかなか是正されないのだろう。その反省もあって、下意上達に目が向くようになったのだろうが、「いまさら」という気がしないでもない。

　中国・戦国時代「キングダム」の時代に生きた兵法家、尉繚子（うつりょうし）は、「下達上通（上意の下達、下意の上通）こそが、組織統治では一番大事」という言葉を残しているが、これは古今東西を問わず真理といっていいと思う。

　サラリーマンの生態を客観的に見ていた作家の橋本治は、「情報は、上から下への流れと、下から上への流れが循環していないといけないのだが、ダメな組織には、下から上への流れがない」（『上司は思いつきでものをいう』）と指摘していたが、こんなところに日本企業の生産性の低さの要因があると考えて間違いないだろう。

　同書で橋本は、大意、次のように書いている。

　「第二次世界大戦後、日本の会社は現場の声を聞いて大きく

なった。日本の『技術力』は、現場の声を反映して高められた。現場の声を聞かない会社はダメになる」

　まさにそのとおりだと思うが、現状はどうか。上から下への流れも、下から上への流れも、途中でせき止められている企業が多いのではないだろうか。

　経営層に聞くと、情報はオープンに下に流しているというし、現場の人間は、上司に自分の意見は伝えてあるという。しかし、現実には、双方ともに伝わっていないことが多いと思える。

　ピラミッド型組織では、階層を経るごとに幾何級数的にコミュニケーション・ロスが増えていくとされているが、この事実に気づいていないのではないか。上意下達ができていない組織に、下達上通ができているとは思えない。

◉コミュニケーションの上手なとり方

　組織が真剣に取り組むべきは、「下達上通」の組織づくりだと思うが、コミュニケーションそのものが難しいことを理解しないといけない。

　最近、部下を持つリーダーの共通の悩みとして聞くのは、「何回言っても伝わらない」ということだ。彼らは、間違いなく情報発信しているのだが、伝わっていないのだから、部下たちは伝えられていないと考えている。ここに、コミュニケーションの難しさがある。

　そこで、コミュニケーションについての知見を筆者なりにまとめてみた。

　辞書には、コミュニケーションとは、「人間が互いに意志や思考を伝え合うこと」となっている。つまり、自分の思いを伝え、相手の思いを聞き出すのがコミュニケーションなのだ。まずは、この原理原則を理解しないといけない。

自分の思いを伝えるためには、どうすればいいか。

　ドラッカーは、「ソクラテスは、『大工と話すときは、大工の言葉を使わなければならない』と説いた。コミュニケーションは受け手の言葉を使わないと成立しない。受け手の経験にある言葉を使わなければ、いくら説明しても通じない」といっている。

　認知科学者も、「伝わらないのは、言葉を発する側と受け取る側の『知識の枠組み』が違うからだ」と、同様の指摘をしている。

　ゆえに、伝えるための第一歩は、相手の「知識の枠組み」を知るところから始めないといけない。

　伝わらない、いま一つの理由は、言葉そのものに限界があるということだ。

　たとえば、ネクタイの結び方を言葉で説明して理解させることは本当に難しい。言葉で伝えることに限界があるとすれば、相手の記憶に残るように伝えるには、どうすればいいのだろうか。

　なるべく多くの感覚を使えば、人間は記憶しやすくなるという知見があるから、伝えたいときには、相手の耳に聞かせると同時に、視覚にも訴えればいいのだろう。

　伝えたいものによっては、嗅覚、味覚、触覚も使えばいいかもしれない。最近は、動画で見せるのも効果的だとの研究成果も発表されている。

　コミュニケーションのいまひとつの要素である「相手の思いを聞き出す」ためには、どうすればいいのだろうか。

　マーク・マコーマックの次の指摘が参考になる。

　「自分はできるだけしゃべらず、相手の話に耳を傾けること

が必要だ。相手をよく見て、相手の話を聞くだけで、あなたは自分が知らなければならないことのほとんどを、そして相手があなたに知らせたいと思う以上のことを知ることができる。そして自分は口をつぐむこと」（『ハーバードでは教えない実践経営学』）

コミュニケーションをとろうとするとき、逆に、しゃべりすぎる人が多いのではないだろうか。相手がしゃべらないから、自分がしゃべるしかないと考えがちだが、それは違う。

自分が話すのは、質問だけでいいのだ。いい質問を投げかければ、相手は、必然的に口をひらいてくれる。

コミュニケーションは、一方的に話すだけでは成り立たないことを理解しておきたい。

経営のツボ

「腐ったリンゴ」が組織の活力を削ぐ。

●従業員を腐らせないことを考える

ギャロップ社の調査（「プロローグ」参照）では、日本人サラリーマンの24％は、「足を引っ張る」存在だったと報告されている。

足を引っ張るような人間は、社内にいるとしてもごく少数だと思っていたが、そうでもないようだ。社会学者の河合薫は、「足の引っ張り合いは、もはや『日本の伝統芸』だ」とまで言い切っている。

足を引っ張る人は、心理学用語でいうところの「腐ったリンゴ」理論と同じだといえる。腐ったリンゴが、果物籠に１個あ

107

ると他のリンゴも腐ってしまうことを意味しているが、会社内に、「腐ったリンゴ」が存在すれば、会社そのものが腐りかねないのだ。

「腐ったリンゴ」の及ぼす悪影響について興味深い研究結果がある

「調査の対象となったのは次の3タイプの腐ったリンゴ社員、すなわち『怠け者』、『周りを暗くする人』、『無礼な人』だ。調査の結果わかったのは、これら3つのカテゴリーのいずれかに該当する社員が一人でもいると、チームのパフォーマンスが40％低下し、極めて優秀な社員がグループ内に複数いたとしても、たった一人の腐ったリンゴの悪影響を満足に払拭できないということだった」（『「変化を嫌う人」を動かす』）

そこで、組織をリードする人たちが、まず考えないといけないのは、従業員を腐らせないことだ。従業員は、情報を適切に与えられない、上司の言行が、主たる原因となってモチベーションを下げているケースが多い。逆に、適切な情報提供、納得のできる上司の言行があれば、モチベーションは上がると考えたい。

万が一、「腐ったリンゴ」が出てしまったらどうすればいいのか。

とりあえずは、同じチームには置かないようにすべきだ。それでもよくなる気配がみえなければ、厳しいようだが、組織内から退場してもらうしかない。ただ、日本の労働法は解雇については厳しい制約があるので、退場してもらう場合には、慎重に行なう必要がある。

『あなたの職場のイヤな奴』の著者ロバート・サットンは、「腐ったリンゴは、断じて許してはならない」といっている。

108

金融界では、「悪貨は良貨を駆逐する」（グレシャムの法則）というが、それは動物、人間でも同じようだ。

● 「腐ったリンゴ」が周囲に影響を与えていないか

「腐ったリンゴ」が組織の力を削ぐことを、2,500年近く前に指摘していた人がいる。

その人は、ドラッカーが、お手本にすべきリーダーとして紹介したキュロス（アケメネス朝ペルシアの建国者：紀元前600年頃〜前530年）だ。

「数頭の馬がひく戦車は、鈍足な馬が中に入っていると、早く走れないし、御しがたい馬がつながれていると、役に立たない。家でも、悪い召使いたちがいると、よい家事ができないだけでなく、悪い召使いによって乱されるよりも、召使いのいないほうがむしろ被害が少なくなる。友人たちよ、以下のことをよく心得ておくのだ。悪人たちを除外すれば、残りの者たちのうち、すでに悪に染まっている者たちも、悪から浄化されるだろう」（『キュロスの教育』より）

「腐ったリンゴ」の組織に及ぼす悪影響について、筆者が懸念していることがある。それは、周囲の人の心を蝕んでいないか、ということだ。

厚生労働省によれば、職場でのストレスが原因でうつ病などの精神疾患を発症し、労災認定を受けた人は、2002年度には100人であったものが、2023年度には過去最多の883人と、増加傾向にあるという。

労災に認められた件だけでこれだけにのぼるのだから、潜在的にはかなり多くの人が、ストレスに悩まされていると考えて間違いない。ストレスを抱える従業員は、欠勤しがちになり、出勤したとしても多分にして集中力を欠くので、必然的にその

職場の生産性は低下する。

心理学の分野では、職場でのストレスの原因となるものを「ストレッサー」（ストレスを引き起こす刺激）と呼び、その代表例として、「納期について圧力をかける」「失望したときに怒る」「仕事量を増やす」等をあげているが、引き金を引いているのは「腐ったリンゴ」的存在の社員だ。

何より大切なのは、職場のストレッサー排除に会社をあげて取り組むことだ。従業員が精神面の不安を抱えていたのでは、いくら生産性向上を叫んでも、成果は上がらない。

経営のツボ

現場力を引き出す究極の策。

◉中間管理職が変わらなければ組織は変わらない

本書では、部下を持つ人、組織を率いる立場にいる人を総称して「リーダー」と呼んでいる。そうした意味からは、各階層ごと、各部門ごとにリーダーは存在している。

リーダーのなかでも、とりわけ、経営者と呼ばれる人が、筆者の考える理想のリーダー像に近づいてほしいと考えている。

30年以上も前から、筆者は、「トップが変われば組織が変わる」の信念で、元気印企業が増えることを願って活動してきた。この考えは、いまも変わりないのだが、年を経るにつれて痛感しているのは、いくらトップがいい方向に変わっても、部下を持つ中間管理職が変わらなければ組織は変わらないということだ。

これまで、中間管理職の意識を優先して変えないといけない

110

と書いてきたが、本当に変われない管理職が多い。

　なぜ、変われないのか。それは、自分が昇進できたのは、それまでの自分の仕事が評価されたからだと考えているからだ。ゆえに、昇進前のスタイルにこだわるだけでなく、管理職になったのだから部下を管理するのが仕事だと考えてしまっている。ここに、現場の力を活かしきれない理由があると考えて間違いない。

● **中間管理職は廃止したら？**

　では、どうすればいいのか。

　極端な話になるが、中間管理職の制度そのものを廃止し、ルールは最小限にすればいいだけのことだ。そんなことで、組織が機能するのかと思われるだろうが、機能するだけでなく、現場に力はフルに引き出されると考えればいい。

　筆者がこんな考えを持つきっかけは、ブラジルの「セムコ社」の「セムラーイズム」にあった。

　セムラーイズムの提唱者は、同社の二代目経営者リカルド・セムラーだ。氏が、1982年に父親の会社に入ったときは、典型的なピラミッド型組織で、ルールが厳しく決められていて、社員はみんな抑圧されていたという。自由はなく、活気も熱意もない、ただひたすら働かされているという状態だった。

　その頃のセムコ社は、従業員が90人、年商が400万ドルだった。それが2003年には従業員3,000人で、年商２億ドルに成長している。

　なにが原動力になったのか？

　一言でいえば、「**民主主義の経営**」で成功したとなる。極端な話、自分の給料は自分で決めろという会社で、いっさいのル

ールはないし、出張旅費の規程もなく、判断基準は「常識」だという。

ただし、そこへ行き着くまでには、ものすごい紆余曲折があったようだ。

最初は、ピラミッド型をやめて、機能別の組織にした。しかし、機能別組織のなかにピラミッドができるし、セクションごとに壁ができて、にっちもさっちもいかなくなる。

次に、マトリックス型組織を採用した。マトリックス型の組織では、2人の指示を仰がなければならなくなってくる。2人のボスの意思統一がうまくできていないものだから、部下は、どっちにつくかと混乱する。

2人のボスは、どちらもリスクをとりたくないから大胆な施策が打てなくなってきて、組織がダメになっていく。

それで次に、事業部制を採用した。そうすると、事業部のなかでミニ・ピラミッドができていく。

そこで行きついたのが、社員を人間として扱って、人間性を尊重するという考えだ。

社員を一人前の大人として扱い、責任をもってやらせて成果を出させようと考えたら、決定にも参加させるしかない。そうしないと意欲も出てこない。

人間性尊重の経営は、大きな組織では不可能だ。なぜなら、100人も200人もが一つの組織のなかにいると、一人ひとりの役割を明確にできないし、意思決定にも参画できない。

◉「同心円」型の組織とは

そんなプロセスを経て、セムラーが最終的に選択したのは、次ページ図のような「同心円」型の組織だった。

いちばん真ん中の部分が、従来の企業でいう役員会のような

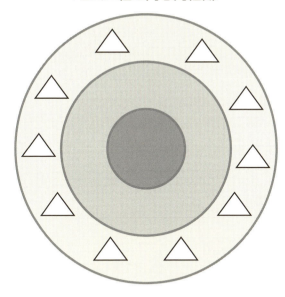

＜セムコ社の同心円組織＞

役割で、副社長以上で構成されている。同社では中心に位置する人たちを「カウンセラー」と呼び、ここでは、政策、戦略の調整といった役割を担っている。

次の真ん中の円を「パートナー」と称し、事業部責任者をそこに位置づけている。

その外の円に、カウンセラーとパートナー以外の全従業員が入る。

外周の内側にある三角が現場を支える「アソシエイト」で、定員は5名から10名に設定している。アソシエイトのなかに一人、「コーディネーター」がいる。

したがって、階層は4つしかない。真ん中に位置するカウンセラーと、それをサポートするかたちのパートナーと、コーディネーターがいてアソシエイト・メンバーがいるだけである。

セムコ社の場合、給料は完全に成果に応じて支給していると

いうから、アソシエイトのほうがコーディネーターより給料が高いこともあるらしい。

情報の流れ中心で組織を考えていくと、階層は少ないほうがいい。フラットな組織のほうが、圧倒的に人も働きやすいし、育ちやすいし、情報も伝わりやすい。

この組織になってから、組立工クラスの人でも、自分の作業に対する関心が高くなり、改善、創意工夫を、自らやるようになったという。

ただ、セムコ社でも、いちばんの抵抗勢力は、従来の中堅管理職だったと聞くが、我慢強く取り組むことで、改革に成功している。

●人間性が発揮できる組織とは

イギリスの作家、アンソニー某によれば、人類は400万年くらい前に狩猟民族が登場し、農耕民族が300世代ほど続き、工業社会になってからは、まだ瞬きするくらいの時間しか経過していない。

狩猟民族も農耕民族も、だいたい5人から15人ぐらいの単位で動いていた…、そのくらいの組織がいちばん人間性が発揮できるし、自分が尊重されているという実感を持てるという。

セムラーは、先の4階層の組織は、狩猟民族の時代を参考にしたという。

狩猟の場合、どこに獲物がいるか見張り役が一人いる。末端のアソシエイトみたいなもの。次に伝達する者がいる。さらに射手、弓のうまい者。で、もう一つ、それらを束ねる酋長がいる。狩猟民族の階層はだいたいこの4つしかない、と。だから、それに合わせた階層になっていると説明している。

日本企業で、セムコ社のセムラーの考えに近い組織を持つのは星野リゾートだ。

　星野リゾートは、小集団のユニットがチームとして機能するような組織構成で各ホテルを運営している。各施設ごとに総支配人がいて、その下に20から30程度のユニットがフラットにならぶ形態だ。1ユニットは20人以内で構成され、キャプテンに相当するユニットディレクターがいて、チームを率いている。

　チームのメンバーを「プレイヤー」と呼んでいるが、彼らが、あのユニットのディレクターになりたいとか、新しいユニットをつくりたいと、ビジョンを持って立候補するシステムをとっている。

　受けて立つ、ユニットディレクターもいるが、彼らは毎月の戦況報告会で対抗案を出して対応している。戦況報告会は、総支配人とディレクターが参加する最高の意思決定機関で、この会には、社員の誰もが参加してもいいようになっている。

　考案者の星野佳路は、1ユニット20人以下が理想だといっているのだが、その理由を以下のように話している。

　「評価の問題、役割を明確にするためです。評価制度自体が充実していないとダメですが、納得のいく正しい評価をするには、毎日見てあげる、目が届くということが大事なのです。ユニットディレクターがどんなに優秀でも、見えないぐらいの大きな所帯を任せてしまうと、結果的に見えないのですから、正しい評価ができないので、社員のなかから不満が出てきます。また、50人の組織の1人よりも10人、15人の組織のなかの1人のほうがより役割が明確になります。

　給与制度も組織の変革に合わせて変えました。ディレクターは年俸制でプレイヤーの給料は大きくは、4つのレンジがあるだけです。スター選手、レギュラー選手、控え選手、二軍の選

手といっているのですが、4つぐらいのランクで分けると、納得性が高まります。

100人の社員を1から100までランクをつけようとすると大混乱してしまいます。各レンジの上限が決めてあって、その範囲のなかでは年功序列になっている。細かい能力判定をするために、お金と時間をかけるのはやめようということです。かけたところで、納得されず、モチベーションが高くならないのであれば意味がないのです」

　筆者は、この話を星野から聞いたとき、「日本では、一般的に昇進することがモチベーションになっている企業が多いが、御社では、昇進が少ないからモチベーションはどうして維持しているのか」と質問したところ、次の答えが返ってきた。

「うちでは、ユニットごとで経営判断をしますから、操縦席に座っている、経営している喜びが、モチベーションになっている。いまひとつ、プレイヤーをやり、いくつかのディレクターをすることによって、操縦士として、経営者としての技能が高まっていく喜びがあります。この2つで、社員のモチベーションは高まっていると考えています」（星野の発言はいずれも2007年のもの）

　星野は、このユニット制は、自身が大学時代に所属していた体育会系のアイスホッケー部の体験から思いついたものだといっているが、実にセムコ社のセムラーの考えに似ている。

◉さらに進化した組織とは

「セムラーイズム」の延長線上にあるのが、「フリーダム・インク『自由な組織』」の概念だ。

2024年1月に日本語版が出版された、『フリーダム・インク

「自由な組織」成功と失敗の本質』（アイザーク・ゲッツ他）の著者は、「世の中で主流派になっている、コントロールの仕組みを一切手放しているにもかかわらず、業績を伸ばしている会社が少なからずある」と指摘したうえで、代表例に、「Ｗ・Ｌ・ゴア＆アソシエイツ」のビル・ゴアとＦＡＶＩ（ヨーロッパの水道蛇口、自動車のシフトフォーク製造会社）のＣＥＯジャン＝フランソワ・ゾブリストの思想を紹介している。

「デュポン」出身のビル・ゴアは、独立して「Ｗ・Ｌ・ゴア＆アソシエイツ」を設立した際に考えたのは、「上下関係のない解放された組織構造」だったが、最初は、理想通りにはいかなかった。

人材を募集するときに必要だったのだろう、管理職制度はあった。ところが、運営していくにつれて、その弊害が出てくるようになった。

放置できないと考えたゴアは、管理職を集めてミーティングを開催したのだが、そのときの様子を、参加者のひとりが、次のように話している。

「私たちが抱えているさまざまな問題について語り、一人ひとりに尋ねてくれました。『あなたならどうしますか？』と…。私たちは、人をリードする方法を教わったのですが、それはほとんどソクラテス的なアプローチでした」

この後、しばらくの時間と実験が必要だったようだが、思い切って管理職という職種自体をなくしてからは、「リーダー」たちが、人々への指示ではなく、支援に大半の時間を割くようになったという。

ＦＡＶＩのジャン＝フランソワ・ゾブリストは、請われて同社のトップに就任したとき、初めてのマネジャークラスの会議

で、「部下への仕事の指示、コントロール、評価や懲罰といった、従来の管理的な役割をなくす。今日この場から、マネジャーのみなさんは社員のファシリテーターやガイド役となり、それぞれが自分の実績を確認できるよう助けてあげてください。今日のマネジャー会議を最初で最後にする」と発表したという。

その後、ゾブリストは、現役のマネジャーたちの慣行を変えようと9か月頑張ったが変わらなかった。とりわけ苦労したのは、ミドル・マネジメントの扱いだった。

彼らは、部下たち全員が自由に動くようになると、自分たちの仕事がほとんどなくなることに不安を覚えて、なかなか動こうとしなかった。

そこで、ミドル・マネジメントを完全になくすことにした。給料を据え置いたまま、管理職を会社にとってもっと役立つポジションへ異動させたのだ。

管理職を廃止したあとは、24〜25人ずつの自主運営チームで現場を回すように組織の形を変えた。各チームが製品ごとに特定の顧客の担当となり、顧客のニーズになるべく寄り添い、顧客が満足しているかどうかを直接確認できる体制とした。

チームは、自分のリーダー候補を任命することも、辞めさせることもできる。そして各チームのリーダーがゾブリストに報告する、という可能な限りフラットな組織にした。

すると、驚くほどの成果が現われた。同社は、この25年にわたって毎年平均して3％ずつの値下げを実施し、納品に一度も遅れたことがなく、高い競争力を維持し、自動車部品業界ではヨーロッパで圧倒的（50％以上）な市場シェアを誇っている。

2009年以後の景気後退も見事に乗り越え、この時期に競合他社が撤退した結果、シフトフォーク市場で70％のシェアを獲得

した。

　ゴアやゾブリストのような思想をもつリーダーの会社を同書では、「解放企業」と呼んで、次のように結んでいる。

　「従業員一人ひとりの創造力と才能を引き出すことで、解放企業は競合他社が失敗するなかで成功してきた。自社よりも規模が何倍も大きな、古い考えにとらわれた既存企業に立ち向かい、創業者たちが夢にも思わなかったほどの成長を成し遂げた」

　収益力を高めたいのなら、ピラミッド型組織の是非、そして中間管理職が本当に必要なのかどうか。これらについて深く思索することをお勧めする。

コラム

「これだけ手帳」の思い出

　筆者は28歳のとき、竹村健一先生に、経営者対象の勉強会をやるので手伝ってほしいと誘われて、「未来経営研究会」を企画・設立して事務局長に就任した。

　話題のゲストを招いて、竹村先生がホストとなって話を聞き出す形式の勉強会だったが、このときの経験が本当に勉強になった。

　先生の事務所での仕事で、印象深いのは「これだけ手帳」の制作だ。当時、先生は講演に出かける際に、資料の類を持っていくことはなく、持参するのは雑誌や新聞記事の切り抜きを挟み込んだ手帳だけだった。

　「未来経営研究会」の例会で、頻繁に手帳に挟み込んだ資料を見て話を展開する竹村先生の姿を見ていた、明光商会の高木禮二社長からシュレッダーのテレビＣＭ出演の依頼があった。

　自身の手帳を手に『ぼくなんかこれだけですよ』と語るＣＭの反響があまりにも大きく、「これだけ手帳」をつくろうとなり、その制作を任されたのが筆者だった。

　先生が手帳に入れている資料をベースに、余白にミニ情報をまとめて書き込んだ手帳をつくった。「これだけ手帳」は大好評を得たが、筆者自身は、先生が興味を持つ資料を選別する作業から、実に多くのことを学ぶことができた。このときの経験もいまの仕事に活きていると実感している

　本書のタイトルに「これだけ！ノート」と入れたのは、「これだけ手帳」にあやかってのものだ、とご理解いただきたい。

120

収益力を高める「ツボ」

「社員を大切にする会社」にして収益力を高めましょう！

3-1

企業の役割は「富の創造」

●企業の役割とはなにか？

　企業の役割には、さまざまな説があるが、筆者が共感するのは、「富の創造」とするミュラータイム（アメリカの経営思想家）の考えだ。

　簡潔にいえば、富とは、インプット（投入する費用）とアウトプット（売上）の差で、利益そのもののことだ。

　企業が生み出す富が多くなればなるほど、社会が豊かになるのだから、より多くの利益を確保することが社会に貢献することにもなる。

　ドラッカーは、「マネジメントの定義はひとつしかありえない。それは、人をして何かを生み出させることである」といっているが、何かとは「富」と考えて間違いない。

経営のツボ

「やる気を阻害する上司」を排除し、
「適切な情報を提供」すれば、現場は活きる。

●なぜ利益率が低く、社員は能力を発揮しないのか

　では、日本の企業の「富の創造力」はどうだろうか？

　利益率を見る限り、富の創造がうまくいっているとは思えない。

　ちょっと古い資料だが、2017年版の経済白書によれば、世界

の上場企業の平均営業利益率は、日本4.2％、米国7.5％、欧州6.7％だという。

利益率が平均以下の企業は、役割を果たしていない、といわれてもいたしかたない。

日本企業の利益率が低いのは、**生産性が低いからだ**。インプットに比して生み出す付加価値が少ないから、結果として利益率が低いのだが、その原因は、経営幹部が社員の持てる能力を引き出せていないところにある。

そうした視点で考えると、収益力を高めるには、**社員の能力を引き出す**ことを最優先すべきだといえる。

なぜ、社員が能力を発揮しないのか？

さまざまな要因が複合的にからみ合っているのだろうが、大きくは、「部下のやる気を阻害する上司」と「不適切な情報提供」にあると筆者は考えている。

「部下のやる気を削ぐ上司」の存在を、筆者に指摘したのは、リクルートの江副浩正、ダイエーの中内㓛に、サラリーマン社長として仕え、実績を残した高塚猛だ。

典型的なサラリーマン経営者である高塚に、筆者は次のような質問をしたことがある。

「日本のサラリーマンは、持てる能力が10あるとすれば、会社のためにどれぐらい発揮していると思われますか。5割ぐらいは出していますかね」

高塚の答えは、「疋田さんは甘い。2割から3割でしょう。よくて4割ですよ」というものだった。

なぜ、日本のビジネスパーソンは、これほどまでに意欲が低いのか。

高塚は、本人に問題があるケースもあるが、圧倒的に多いの

123

は「やる気を阻害する上司の存在」だと指摘したのだ。

●上司が部下のやる気を削いでいる

アメリカの著名な経営学者が、エグゼクティブ対象のセミナーで、参加者に「無用の長物と思える部下はいますか」と問いかけたところ、大半が手を挙げた。

そこで、続けて「彼らは入社したときから無用の長物だったのですか」と問うと、誰も手を挙げなかったという。

この逸話からもうかがえるように、入社当初、能力差はあるにしてもやる気があった社員が、会社で時間を過ごすうちに活力を失っていくのである。

少なくとも、入社直後からやる気のない社員はいないはずだ。スキルは別にして、やる気ぐらいはあったはずだ。

それが入社後、時間が経つにつれて、モチベーションが下がっていく。その原因になっているのが、上司のふだんの言動で、彼らのほとんどは、知らずしらずのうちに、部下たちのやる気を削いでいると筆者は見ている。

「やる気を阻害することが大いなるムダ」（ノーベル経済学賞受賞者・ベッカー）だという指摘があるが、日本企業の多くは「大いなるムダ」を抱えているのだから、収益力が高くなるわけがない。

いまひとつ、不適切な情報提供も、その要因としてあげられる。

心理学者のギルバートは、「社員が持てる能力を発揮しないのは、不適切な情報が主たる原因となって起きている。評価基準も、目標も、目的も知らない。自分たちの日頃の行動がどれほど重要なのかもわかっていない。適切な情報が与えられてい

124

ないのだから、業績が上がらないのも当然である」と語っているが、実に的を射た指摘だ。

●部下を持つ管理職の意識改革が必要

こうした話をすると、反論するトップが圧倒的に多い。異口同音に、「仕事で成果を出した人間を昇進させているし、会社側の情報は適切に伝えている」という。

たしかに、トップは適切に情報発信しているのだろうが、組織の下にいけばいくほど伝わっていないのが現実だ。

ピラミッド型組織での情報伝達では、下にいくにつれて幾何級数的にコミュニケーションロスが発生するとの知見があるだけに、発信するだけでは伝わらないと考えるべきだろう。一般的には、中間管理職が情報伝達の中継点になるが、多くの場合、うまく機能しているとは思えない。

まず、トップと中間管理職の間にコミュニケーションギャップがある。それだけでなく、中間管理職それぞれの理解力、発信力に差がある。道理として、下へいけばいくほど情報の密度は低くなってしまうものなのだ。

社員の能力を引き出すために、会社サイドが優先しないといけないのは、部下を持つ管理職の意識改革だ。上司の行動様式が変わらない限り、部下は変わらないと指摘しておきたい。

ただし、管理職の意識改革の前に、考えないといけないことがある。それは、「**昇進人事**」についてだ。

ドラッカーは、「人材の最大の浪費は昇進人事の失敗であることを目にしてきた。いちばん多いのは、期待したほどではなかったという例である。ただの凡人になっている。なぜ急に凡人になってしまうのか。私の見てきた限り、それらの例のすべ

125

てにおいて、昇進した者が、新しい任務に就いてからも、前の任務で成功したこと、昇進をもたらしてくれたのと同じやり方を続ける。そのあげく、役に立たない仕事しかできなくなっている」といっている。

　昇進人事については、松下幸之助の考えも参考にしたい。松下は、人事の要諦を聞かれたときに次のように答えている。
　「功労があった社員には、賞（金品）で報いるべきで、地位を与えてはならない。地位を与えるには、地位に相応しい見識がなければならない」
　地位を与えるとは、部下を持たせること。見識とは、判断力と考えればいいだろう。
　一般的には、仕事で功績のあった人間を昇進させる。これは、過去の業績を新しい地位で報いていることになり、ここに問題があるのだ。
　当然、企業の場合、業績を残さない人間を見識があるからといって昇進させるわけにはいかない。しかし、いくら業績を残しても見識のない人間には、部下を持たせてはいけないということだ。

3-2

「社員を大切にする会社」になれば、
収益力は高まる

●社員を大切にしているリーダーがどれだけいるか

　利益率の高い会社になるためには、プロセスがある。この順番を間違えると、うまくいくものもうまくいかなくなる。目的は達成されたとしても、時間がかかってしまう。

　プロセスの第一歩は、「社員を大切にする会社」になることから始まると、筆者は考えている。

　現状でも、経営者のほとんどは「社員を大切にしている」というだろう。問題は、その言葉を文字通りに実行しているかどうかだ。

　お手本になるのは、サウスウエスト航空のケレハーの従業員に対する思いだ。ケレハーは、「従業員第一、顧客は二の次でいい。顧客はいつも正しいとは限らない。顧客のほうが間違っていることもある。我々はそういう顧客はお断わりしている。手紙を書いてこういうのだ。『よその飛行機に乗ってください。我々の従業員を侮辱しないでほしい』と」(『破天荒』)

　リーダーのこのような態度を見れば、従業員が、会社のために力を発揮してくれることは間違いないだろう。

　ケレハーのように、自信を持って、「従業員を大切にしている」といえるリーダーが、どれほどいるのか、筆者は疑問に思っている。

127

> 経営のツボ
>
> ## 社員は「宝」とはいうが…。

●心の底から社員を大切にすることを実践しているか

中国の古い教えに、「実に恐るべきは民であります。舟を載せ浮かべるのも水であれば、船を転覆させるのも水であるように、君（トップ）を立てるのも君を滅ぼすのも民（組織の構成員）であります」とある。

これは、あらゆる組織に通じる真理といえる。

現場で働く人たちの支持を得られなければ、組織の将来はない。それだけに、リーダーの多くが、社員を大切にするという。

しかし、心の底からそれを実践しているリーダーはどれぐらいいるのだろうか？　以下のドラッカーの指摘は、その真理を突いているように思えてならない。

「あらゆる組織が『人は宝』と言う。ところが、それを行動で示している組織はほとんどない。本気でそう考えている組織はさらにない。ほとんどが、組織が社員を必要としている以上に、社員が組織を必要としていると信じ込んでいる。しかし事実上、すでに組織は製品やサービスと同じように、あるいはそれ以上に、組織への勧誘についてのマーケティングを行なわなければならなくなっている。彼らに仕え、満足させなければならない」（『プロフェッショナルの条件』）

ドラッカー以外にも同様の指摘をする人は多い。

『フリーダム・インク』の共著者アイザーク・ゲッツとブライアン・カーニーは同書に、「我が社の社員は最大の財産だと考えているという経営者は多いが、実際のところ、大半の社員

はそんな言葉を一言も信じていない」と書いている。

宝といいながら、社員が信じないのは、単なる働き手と考えているからではないか。格好のよい言葉はいくらでも口にすることができる。問題は、その言葉通りに実践できているかどうかだ。

「人は宝」というのであれば、本当に人を宝として扱わなければいけない。「有言不実行」は、信頼を損ねる一番の要因だろう。口にしたのなら、実行すべきだということだ。

最近は、人材を資本としてとらえ、その価値を最大限に引き出すことで、企業価値向上につなげる、「人的資本経営」の必要性が説かれているが、これを文字通りに実践すれば、企業の生産性は高くなると考えればいい。

また最近は、「人財」という言葉を使う企業が増えてきた。「財」というのなら、本当に大切にしているかどどうか？　筆者は、「言葉」には大きな力があると考えているが、それが「羊頭狗肉」になっている企業が多いのではないかと危惧している。

経営のツボ

「楽しい」職場環境をつくる。

● 「楽しい職場づくり」に取り組む

筆者が、「楽しい」をキーワードにするのには理由がある。それは、「関ケ原製作所」と「星野リゾート」のトップから、両社共に「楽しい職場づくり」に取り組むことで再生できたと聞いたからだ。

星野リゾートの星野佳路が、実家の「星野屋」（軽井沢）の再生に取り組んだのは1991年のことだが、問題は山積みだった。いちばんの悩みは人集めにあった。田舎の温泉旅館ではいくら求人をかけても集まらなかった。

　そんな状況のなかで、改革めいたことに手をつけると、既存の社員が辞めていく、手をつけなければ、新しく入った社員が古い体質を嫌って辞めていく。最初の3年間は、帰社する社員に対して明日も来てくれることを確認するのが毎日の仕事だった。まさに試行錯誤の連続で、3歩進んでは2.9歩下がるような状態だったという。

　そんな状況を、星野はどのようにして打破したのか。

　「最終的に行き着いたのは、職場を楽しくしようということと、明確なビジョンを打ち出すことでした。職場が楽しくなり、めざすことが明確になれば、既存の社員は残り、新しい社員も来てくれる。これが唯一の解決策だと考えたのです」

　そうした思いを持つにいたった星野が最初に取り組んだのは、従業員の不満や悩みを聞き出し、それに対して真摯に答えを出していくということだった。

　いまひとつは、どういう会社になったら、一流企業と待遇面で肩を並べられるかをきちんと示し、星野自らが本気の姿勢で、その将来像に向かうことを約束したという。

　その結果、新しい方向性に共感するスタッフも徐々に増え、5年目には目に見えて効果が出始め、社員の定着率も上がり、6年目には決算賞与を出せるまでになっている。

　岐阜の関ケ原製作所は、1985年の「プラザ合意」後の円高不況で二期連続の赤字になったとき、従業員からの「給料が上がらないのなら、せめて、明るく楽しい会社にしてほしい。どん

なことでも我慢するから、仲間から犠牲者を出すことはやめよう」との声に促されて「楽しい職場づくり」を優先課題にして、社員の要望に応えていった。その結果、業績が回復していったという。

同社の場合は、社員のワーキング・グループをいくつかつくって、彼らに「楽しい職場」をテーマに議論させている。最初は、「あれもやってほしい、こういうことができればいい」と、さまざまな希望が出てくる。

しかし、考えれば考えるほど、現状の自分たちの仕事ぶり、利益の現状では、実現できないことがわかってくる。必然的に、従業員から収益力を高めるための知恵が出てきたと聞いている。

創業者堀場雅夫のたっての希望で、社是を「おもしろおかしく」（同社の表記のまま）にしている堀場製作所のような会社もある。堀場は、その理由を筆者に次のように説明してくれた。

「私が、『おもしろおかしく』の理論武装に使っている学問が、『労働心理学』です。偶然、それに関する本を読んでいて、いいデータを見つけたのです。人間の行動力はものすごく幅が広く、同じ人でも、やる気を起こしているときと、そうでないときでは全然違うのです。たとえば、上司から、『君、これをしなさい』と、言われた通りの仕事をしている場合と、『その仕事がやりたかった』という場合では、実測データで３倍とか４倍、能率が違うのです。

ですから、『おもしろおかしく』仕事をすることは、ただ精神的にいいというだけでなく、会社にとっても、３倍も能率が上がり、３人分の仕事が１人でできるということになるのです。

それから、おもしろく仕事をしている場合、与えられた仕事を単にやっている場合に比べて、疲労度が２分の１から５分の

１ぐらいというデータもあります。実際、おもしろければ、徹夜でも平気です。徹夜でマージャンをした翌朝ゴルフに行くなどというのは、まさしくおもしろいから行けるわけです。嫌な仕事だったら２時間でも疲れてしまいます」

筆者が、「楽しい職場づくり」を優先すべきだと考える所以が、ここにある。

● 「働きやすい職場」づくりにも取り組む

環境面では、いまひとつ取り組むべきことがある。それは、「働きやすい職場」づくりだ。

人手不足を解消するには、多様な雇用形態に移行すべきだと、筆者は考えている。

そのためには、スポットワーカー、時短正社員、シニア層、外国人、女性等々が「働きやすい職場環境」をつくる必要がある。これまで、女性が敬遠しがちだった町工場でも、女性にとって働きやすい環境になれば、人手不足に悩まなくてすむようになると考えられる。

2025年１月20日の日本経済新聞によれば、安田技研（丸亀市）の場合、女性の冷え性対策と、立ち仕事による腰への負担軽減を目的に、工場のコンクリート床の上に陸上競技のトラックに使われる合成ゴム性の舗装材を敷いたところ、それまで梱包作業などが中心だった女性が、働きやすくなったことで、部品加工の現場にも出るようになったという。

医療機器などの部品を手がける中原精密（静岡市。派遣、パートを含め約50人の従業員中８割が女性）では、社員の勤務時間の変更希望を当日でも受け入れているが、それを可能にするために、同社では、「最適と思われる人数より１割多い社員を

雇用している」という。効果はてき面で、口コミで「働きやすい」と評判が広がり、直近10年で社員は倍増しているとのことだ。

> **経営のツボ**
> 会社は、「従業員満足度」を高めることを
> 優先させるべき。

●従業員満足度と顧客満足度のどちらを優先させるか

経営においては「従業員満足度」（ＥＳ）と「顧客満足度」（ＣＳ）を高めることが成長をもたらすことは間違いのない事実だが、どちらを優先すべきなのかは、立場によって違うと、筆者は考えている。

会社側は、あくまでも従業員満足度を高めることを最優先すべきで、従業員は、顧客満足度を高めることを最優先すべきなのだ。なぜなら、従業員が会社に満足すれば、必然的に顧客のことを考えるようになるからだ。

では、従業員の満足度を高める要因には、どのようなものがあるのか、以下でみていこう。

①仕事にふさわしい、安定した生活を送れるだけの報酬が欠かせない要因

孟子は、「恒産なくして恒心なし＝安定した職業、収入がなければ、心は安定しない」という。

また、欲求の五段階説で知られるマズローも、「人間は経済的安定を確保すると、その後は価値ある人生や創造的で生産的な職業生活を求めて努力する」と指摘しているだけに、従業員

の経済的安定を図ることは、揺るがせない。

　ところが、日本の場合、30年以上の長きにわたって所得が増えなかったのだから、心は安定しないし、生産的な職業生活を送るわけがない。

　幸いなことに、この2、3年は給与水準が上がってきた。この状態がこれからも続けば、幾分かは収入についての不満は解消されるだろう。

　本来、人間は「給与、昇進等の組織から与えられる外発的動機」よりも、「達成感、成長等の自分の内側からこみあげてくる気持ちの高まりを動機とする内発的動機」が強いとされている。そこで考えないといけないのは、外発的動機だけではＥＳは高まらないということだ。

　それと、報酬を意識しすぎると内発的動機を低下させるという研究結果もあるだけに、報酬は最低限の必要条件で、報酬だけでは満足度は高まらないことも理解しておく必要がある。

②経営者・上司と部下との間に信頼関係が構築できないと従業員満足度は高くならない

　孔子のいう「信なくば立たず」は、まさに真理で、信頼関係が構築できないと何事も前には進まない。

　たとえば、人を育てるためには、ときには叱ることも必要になってくるが、相手に信頼されていない状況で叱ると効果は半減する。逆に褒める場合にも、信頼されていないと逆効果になることもある。

　では、どうすれば信頼されるのか？

　孔子は、「約束を違えないこと」だという。ということは、信頼関係は、日々の行動のなかで、嘘をつかないことによって構築されていくと考えていい。

たとえば、「失敗を恐れずにチャレンジしろ」といいながら、失敗の報告を受けた途端に叱責し、その人物の評価を下げてしまうと、信頼されなくなるばかりでなく、誰もチャレンジしなくなってしまう。これでは、収益力が高まるわけがない。

　ただし、ことビジネスでは、「朝令暮改」は嘘をついたことにはならない。一般的には、朝言ったことと、夕方言ったことが違えば、信頼されなくなってしまう。

　しかし、刻々と情勢が変化するビジネスの世界では、朝と夕方で言うことが違ってもいい。逆に、違わないほうがおかしいのだが、変えたことの説明を明確にしないと、信頼されなくなってしまう。

　「朝令暮改は善であるは、わが社の哲学である」とまで言い切る、ユニ・チャーム創業者の高原慶一朗のような経営者もいる。

　また、「朝令暮改」は当たり前と考えていた松下幸之助は、常に「今はこう思うけどね」といっていたという。さすが、「経営の神様」と呼ばれた人は、配慮が行き届いている。

◉だから従業員満足度を高めることを優先させよう

　既存社員にとって、楽しい職場になり、従業員満足度が高くなれば、離職者が減るばかりでなく、応募者が増えてくる。

　優秀な人材は、どのようにすれば応募してくれるのか。まずは、「論語」の教えを紹介しよう。

　ある統治者が政治のやり方を尋ねた際、孔子は「近い者が喜ぶような政治をすれば、遠方の者まで懐いて来るものです」と答えた。

　政治についての問答だが、経営にも通じる教えだ。

　ここ数年、日本では初任給を上げる企業が増えてきた。働く

人たちの所得が増えることは、日本経済のためにも歓迎すべきことだが、既存社員の給与も合わせて引き上げなければ、上手くいくとは思えない。

初任給を上げる前に取り組むべきは、既存社員が満足する企業体質をつくることだ。いまいる社員が満足する会社なら、間違いなく応募者は増えてくるだろう。

さらにもうひとつ、中国古典で参考になるのは、「隗（かい）より始めよ」の逸話だ。

戦国時代（紀元前403年〜前222年）の中国では、斉・燕・趙・韓・魏・秦・楚の七国が割拠し、絶え間なく戦争が繰り返されていた。

そんな状況のなかで、最も弱小だったのが燕だった。燕の後継者となった昭王は、何としても強国になりたいと考えていたが、人材がいないことを嘆き、臣下の郭隗（かくかい）に相談を持ちかけた。

「私は、燕が小国で、たびたび侵略してくる斉に復讐できないことを承知しているが、それでも、優秀な人材を得て、一緒に国を運営し、先王の恥をすすぎたいと願っている。先生、どうか適当な人物を紹介してください。私は、その人に師として仕えることができればと思うのですが」（『十八史略』）

郭隗は答えた。「昔、千両の金を持たせて、一日千里を走る駿馬を買いにやらせたある国の君主がいました。ところが、その男は、死んだ馬の骨を500両で買って帰りました。君主は非常に立腹されました。するとその者は、『死んだ馬の骨でさえ、500両でお買いになる。まして生きた馬ならいかほど出されるかわからないと考えますから、いまに千里の馬がやってくるでしょう』と言いました。その結果、1年経たないうちに、千里

の馬が３頭もやってきたということです。いま、王様が、優秀な人材を招きたいとお考えなら、まず隗より始めてください。私のようなものでも登用されるとわかれば、私より優秀な人材が、千里の道も遠いと思わずにやってくるに違いありません」

この言葉を聞いた昭王は、隗のために邸宅を建て、登用し優遇した。すると、隗の目論見通りに、優秀な人材が先を争って燕にやってきた。そのなかのひとり、楽毅（がっき）に政治を委ねたところ、彼は昭王の期待に応え、斉を打ち破ったのだった。

これは「手近なものから始めよ」との教えだが、企業経営では、まず、従業員満足度（ＥＳ）を高めることを優先すべきと、解釈すればいい。

一般的に、顧客満足度（ＣＳ）を高めることを優先しがちだが、それは違う。自社の処遇に満足していない従業員が、顧客の満足度を高められるはずもない。

ＥＳとＣＳは、車の両輪にたとえられることがあるが、優先すべきはＥＳだと、筆者は考えている。

3-3

収益力を高めるための具体的手法

> **経営のツボ**
> 経営の目的が「利益」では、
> 継続に必要な「費用」は確保できない。

●利益とは、事業を続けるための費用である

　ドラッカーは、「利益とは、企業存続の条件である。利益とは、未来の費用、事業を続けるための費用である」(『マネジメント・基本と原則』) といっている。それだけに利益を確保しなければならないが、長く存続するために必要な費用は、どうすれば確保できるのか。

　取材体験のなかで、筆者がもっとも共感できたのは、マブチモーター創業者の一人、馬渕隆一の次の考えだ。

　「存続に必要な費用は、どこにもしわを寄せないで確保しないといけない。それを可能にするためには、『利益追求型』の経営から脱却することが第一歩になる。利益追求が目的になると、人件費をおさえ、より安く仕入れて、より高く売ろうと考えるようになる。従業員、仕入先、販売先等々にしわを寄せてしまう。しわを寄せるというのは、何かを犠牲にしているということ。誰かを犠牲にした利益は利益ではない。そこには何の創造もなく、時間の経過とともに問題が表面化して、その状態は維持できなくなる。しわは、いずれ何らかの形で必ず跳ね返ってくる。結果として、利益が出たとしても経営は行き詰まっ

138

てしまう。

　そこで、大事になってくるのは、経営の目的を利益の追求ではなく、社会貢献だということを明確にすることだ。我が社のような機能性部品メーカーなら、顧客の求める性能を十分満たした製品を、どこよりも群を抜いて安く提供すれば、社会に貢献したことになる」

　どこにもしわを寄せずに、どこよりも良い製品をどこよりも安く提供することなど不可能なように思えるが、馬渕はそれを実現しているのだ。どうすればそんなことが可能になるのかについても、簡単に触れておく。

　馬渕は、「得手の分野を深掘りする」ことで、どこよりも良い製品を、どこよりも安く供給できるようになると確信しているという。

　「我が社は、小型直流モーターを深掘りしたことで、今日の姿に成り得た。深掘りとは、その製品の価値を高めることを意味しているが、価値は品質とコストの両面で出すことができる。私の経験からすれば、深掘りすれば、こうすればこの製品の価値はもっと上がるとか、もっと安くできるようになる、といったことが見えるようになってくる。得手の分野を深掘りすることの効果は、経験した者でないと理解できないだろう。

　どこよりも良い製品を、どこよりも安く供給できるようになれば、おのずと販売個数が増えていく。受注が増えることで、量産効果でさらなるコストダウンができるようになる。我が社の場合、コストダウンができて、存続に必要な費用が確保できれば、顧客の要求がなくても売価を下げてきた。そうすると、それまで高くて使えなかった分野にも需要が広がり、さらなる量産効果でまた売価を下げることができる…。これが深掘りす

ることで得られる効果なのだ」

　存続に必要な利益が確保できれば、自ら売価を下げるという価格政策は異質といっていいだろう。しかし、馬渕は、この独自の価格政策によって、小型直流モーターの分野では群を抜いたシェアを持つ、優良企業になったといえる。

　一般的には、コストダウンと品質向上は両立しないといわれているが、得手の分野を深掘りすれば、それが可能になると考えればいいだろう。

　ちなみに、馬渕の考える、存続するために必要な経常利益率は、最低でも15％だと聞いたが、同社は、この数字をクリアしてきている。

●中国古典に学ぶ利益との向き合い方

　経営者（組織のトップ）は、利益とどう向き合えばいいのか？中国古典の教えも参考になる。

　「道理にそむいて手に入れた財宝は、また道理にそむいて出ていくものである」（『大学』）

　「成功をいそぐな。目の前の小利に惑わされるな。成功をいそぐと息切れがする。小利に惑わされると、大きな事業はできぬものだ」（『論語』）

　「天下（＝利益）を取ろう、取ろうという意識では天下は取れない。天下を手に入れようと執着するものは、結局、天下を失ってしまう」（『老子』）

　「義を先にして利を後にするものには栄えあり、利を先にして義を後にするものには辱しめあり、栄者は常に通じ、辱者は常に窮す」（『荀子』）

　「上の者も下の者も、誰もが利益をむさぼりとることしか考えなければ、国家は必ず滅亡してしまいましょう」（『孟子』）

140

いずれも「利」を否定しているわけではないが、まず「利」ありきではダメであり、また、「義」に反して「利」をむさぼってはならない、と諌めているのだ。

「義」とは、「正しいことを行なう」と理解すればいい。利害関係者ばかりでなく、社会にとって「義」を行なうことで、組織の継続が可能になると考えればいいだろう。渋沢栄一は自著に、大意、次のように書いている。

「孔子は、広く民に施して大衆を救う者ならば、これは仁以上の仁で、聖人と称すべきだといっている。広く民に施そうとすれば財産がなければならず、大衆を救おうとすればこれまた資本が必要だ。いかに民に施し、大衆を救おうとしても、富がなければその希望を達し得ない。算盤をとって富を図るのはけっして悪いことではないが、算盤の基礎を仁義のうえにおいていなければいけない。私は明治6年に役人を辞めて、民間で実業に従事してから50年、この信念はいささかも変わらない。

片手に論語、片手に算盤を振りかざして今日に及んでいる」
（『論語と算盤』）

明治時代のキリスト教徒、内村鑑三は、「清き目的をもってお金を貯め、それを清きことのために用いることが国益になる」（『後世に残す最大の遺物』）といっている。

「義」をもって経営に取り組み、確保した利益の配分にも心を配る——難しいことではあるが、これができる企業だけが長く存続できるのだ。

> **経営のツボ**
>
> 現場基点で生産性向上に取り組む。

●課題の解決は現場に任せればいい

　経営上のあらゆる問題は、業種・業態を問わず、会社と外部（顧客・サプライヤー等）が接する現場に集約されてくる。現場は加えて、実践知の宝庫でもあるというのが、40年以上経営の現場を取材してきた私の実感だ。それだけに、現場のことは現場に任せて、解決策を考えてもらえばよい。

　実質的にバブルが崩壊した1993年までの日本企業は、現場の力が活かされていた。しかし、その後は「現場の力を活かすことを忘れて、日本の企業はダメになっていった」と指摘する識者も多い。私も同感だ。

　継続的発展をめざすのなら、いま一度、企業は現場の力を活かすことを真摯に考える必要がある。

　本社なり経営幹部の仕事は、現場に指示を出すことではない。現場で働く人たちの持てる能力を存分に発揮できるようにサポートするのが使命だ。財界総理と呼ばれた土光敏夫は、「本部は前線（現場）を振り向かせるな。前線は前に進むためにある」と常々口にしていた。

　現場に任せることで成功した例として、米マクドナルドがあげられる。

　同社を率いたレイ・クロックは、「私は、職権はいちばん下のレベルにいる人間の手にあるべきだと常に考えていた。店に一番近い立場にいる人間が、本部の指示を仰がずとも決断できるようにすべきなのだ。時には間違った決断をしてしまうこと

142

もあるだろうが、それが従業員と企業を共に成長させる唯一の方法だと考えている。押さえつけようとすれば、息が詰まってしまい、良い人材はよそへ流れていくだろう。マネジメントを最小に留めることで、最大の結果が生まれると信じていた。マクドナルドは、この規模の企業にしては珍しく、最も組織化されていない企業である」と、自著『成功はゴミ箱の中に』で書いている。

　ドン・キホーテ創業者の安田隆夫も任せることで成功を手にした経営者だ。

　1989年に1号店をスタートさせた同社は、いまや海外を含めて740店舗を展開し、2024年6月期の年商は2兆円を超えるまでになっている。

　創業期の安田は、自分の手法を従業員に教え込もうとしていた。しかし、いくら教えても指示通りにやってくれない。絶望的な気持ちになったことも一度や二度ではないという。そこで打った手は、全面的に任せることだった。

　「これでダメならきっぱり諦めようと腹をくくり、『教える』のでなく、それと正反対のことをした。『自分でやらせた』のである。それも一部ではなく、全部任せた。従業員ごとに担当売場を決め、仕入れから陳列、値付け、販売まですべて『好きにやれ』と、思い切りよく丸投げした。結果、思わぬことが起こった。従業員たちは権限を委譲されたことで、自ら考え、判断し、行動し始めたのである。『任せたらちゃんとできた』のである。もちろん、私と同じようにではないが、逆に私にできなかったようなことが彼らにはできた」（安田隆夫著『運』）

　現場に任せることで人は成長し、組織は強くなるものだが、

現実には指示・命令で人を動かそうとする管理職が多いように思える。残念でならない。

●生産性を高めるために優先して取り組むべきこと

利益は、「売上 − 経費」だけに、収益力を高めるためには、売上を伸ばし、トータルでの経営コストを低くすればいいことになる。

では、どうすれば経営コストは削減できるのか。

何より大事なのは、生産性を高めることだが、それは「やるべき仕事を、より少ない人員、時間で処理すること」を意味している。

製造業なら、トヨタのように、「必要数をより低い原価で生産すること」になり、ホワイトカラーの場合なら、たとえば経理の仕事を、それまで10人でこなしていたのなら8人でできるようにすることが、生産性を高めることになる。

生産性を高める要因はいくつもあるが、優先して取り組むべきことをいくつか紹介しておく。

①整理・整頓（2S）の徹底

整理・整頓など、「言われるまでもなくやっている」と答える企業は多いだろうが、文字通りに徹底して実践しているかどうかが問題なのだ。

まず言葉の定義からいうと、「『整理』とは不要なものを捨てることであり、『整頓』とは必要なものをすぐに取り出せるようにすること」を意味している。

整理することでスペースに余裕ができる。スペースはコストと考えられるだけに、整理することで経費は削減できるといえる。

144

整頓すれば、探す時間が省ける。時間もコストだけに、整頓することで経費が削減できるのだ。

ところが、この２Ｓが収益力向上に大きく貢献することを、現場の人のほとんどは知らないのではないか。どの会社も、２Ｓに取り組み始めた頃は認識していたのだろうが、時間の経過とともに忘れ去られているように思えてならない。

２Ｓを実践するに際して忘れてはならないことがある。それは、「**情報の２Ｓ**」だ。情報技術が進化するにつれて、それまでの情報のほとんどはパソコン内に保存されている。

ところが、必要なときに、必要な情報を取り出すのに、思いのほか時間がかかっている企業が多いように見受けられる。筆者は、情報技術関連企業とのお付き合いもけっこう多いが、そうした会社でも、意外とできていないのが現状だ。

素人ながら思うに、本来、情報の検索はパソコンの得意技のはずなのに、専門企業ができていないとすれば、一般企業は、「推して知るべし」だろう。

②**構造・リズム**

経営思想家のミュラータイムの次の指摘は、実に示唆に富んでいる。

「働く人間の生産性・創造性・向上性を左右する要因はなにか。（さまざまな研究がなされてきたが）結局のところ２つの変化要因が他の何よりも基本になる。それは構造（または構成）StructureとリズムRhythmである。なぜそうなるかといえば、一連の仕事を見たとき、他のいかなる要因が介在するにせよ、構造とリズムが欠けていることはあり得ず、この両者が働く人間の能率を左右する当面のキメ手であるからだ」（『組織哲学シ

145

リーズ』)

　ミュラータイムのいう構造とは、仕事を処理するためのしくみと考えればいい。

　どの企業にも、やるべき課業（仕事）がいくつかある。それぞれの仕事を、どういう順番で処理するのか、人をどう配置するのか、情報・モノをどう流すのか等々、その設計いかんで生産性は違ってくるといい、ミュラータイムは次のような例をあげて説明している。

　ある生産工場は、生産工程を細分化、順番化、直線化し、長いラインでものづくりを行なっていた。当時は、このやり方が一番生産性が高いとされていた。

　この工場に特別仕様の注文が入ってきたのだが、このとき、工程管理の責任者は、既存の工程ラインが乱れることをおそれて、新たなラインを新設することにした。しかし、特別仕様の商品の発注が将来も続く保証はない。

　そこで、既存のラインの約10分の１の短いラインをつくって、いくつかの工程を集約して熟練工を集めて商品づくりを行なったのだ。結果、短いラインのほうが平均で30％、生産性が高かったという。

　短いラインの行きつく先がセル生産方式になるのだが、ここで問題にしたいのは、どの生産方式がいいということではない。

　それぞれの企業は、いまの仕事のすすめ方が、生産性が高いと考えてやっているのだろうが、それが本当に正しいのかどうかを、いま一度、問い直してほしいのだ。

　ちなみに先の工場では、長いラインと短いラインを併設することがいちばんよかったという。

　なぜなら、最初からベテランの職人ばかりがいるわけではないので生産性が高いからといって短いラインだけで、生産する

146

わけにはいかない。経験の浅いうちは、長いラインで仕事を覚えさせ、経験を積むにつれて短いラインへ移行させる方法の効率がいちばん高かったという。

ミュラータイムは、リズムについては次のように説明する。
「リズムは、働く人間にとって、何よりも重要なものといっても過言ではない。人間は時間のなかに生きており、個人の生活のなかにも、あらゆる調子のリズム・パターンが存在し、それがやっている仕事のリズム群と、互いに相関しているからである。たとえば、同じ流れ作業のラインでも、2〜3歩上がって仕事を迎えたり、2〜3歩下がって仕事を送り出す自由のある労働者は、ごく短時間ながらもレジャー感が味わえ、自分なりの仕事のリズムに調律可能。したがって、いや応なしに持ち場にしばりつけられ、流れ作業の一部になっている労働者より、ずっと効率がいいことが実証されている。（−略−）経営管理者の経歴パターンをみると、ひとつの職場に24〜30ヵ月在職すると成績が下降しはじめ、そして7年目を迎えたころから再び上昇過程に入る。経営者は、こうしたリズムをよくつかんで、部下の能力を最大限に引き出す努力をしなければならない」（『組織哲学シリーズ』）

③設備投資の前に作業改善
　トヨタ生産方式の生みの親と呼ばれる大野耐一は作業改善の重要性を次のように説いている。
　「作業改善は現有の設備でもっとよいやり方を考えるということである。まず道具（設備）をつくるのではなく、仕事のやり方を考えることが重要である。生産現場の改善案を大別すると、作業場のルールを決めたり、配分をやり直したり、物の置

147

場を明示したりする『作業改善』と、装置を導入したり、設備を自働化したりする『設備改善』がある。『設備改善』にはお金がかかり、しかもやり直しがきかない。『設備改善』が先行すると、生産現場は『作業改善』をしないようになる」(『トヨタ生産方式』)

ミュラータイムの構造と同じ考えだ。

④人間への投資

「人間には無限の可能性があると考える。人はコストではなく、無限の可能性がある資源。それだけに、やる気を阻害することは大いなるムダなのだ。いまひとつ、人格、感情があることを忘れてはならない。人間は機械、設備と同じ資本、経営資源。しかし設備との違いがあることを知っておくべき。設備は改良を重ねフルに使いこなさなければならないが、自ずと能力には限界がある。しかし、人の可能性は無限大。人に投資することで生産性を高めることができる」(ベッカー:1992年ノーベル経済学賞受賞)

ベッカーのこの考えは、本書では何か所かで取り上げているが、「人的資本経営」の原点がここにあるので、念のために、ここにも書いておく。

⑤小さな改善の積み重ねで生産性を高める

業績がいい会社にも改善すべき問題はある。

しかし、「問題があることは問題ではない。問題が表に出てこないことが問題なのだ。しかし、いちばんの問題は問題があることを知りながら放置しておくことだ。問題は、それを解決すれば収益につながるのだから、放置ほどムダなことはない」と、筆者は考えている。

148

問題解決で大事になってくるのは、優先順位をつけることだ。すべての問題を一気に解決しようとすると、いくら時間と労力があっても足りない。

　では、優先順位は、何を基準につければいいのか。

　マクドナルドの場合は、抽出された問題を、縦軸にコスト削減効果の多寡、横軸に所要時間をとったマトリクスで評価して、優先順位を決めていると聞いている。

<優先順位の決め方の一例>

	遂行が容易	遂行が困難
収益小	②すぐできる	④時間のムダ
収益大	①ボーナスチャンス	③努力が必要

　ボーナスチャンスの問題があれば、最優先するのは当然のことだが、あったとしても数少ないだろう。

　マクドナルドでは、①の次に取り組むのは②の「すぐできる」問題だという。③も効果が大きいのだから無視できないが、優先順位としては三番目になる。

　②の問題を解決して少しでも効果が出れば、担当者には自信がつくし、問題解決の手法も身につくようになると考えればいいだろう。

　筆者の好きな言葉に「**マージナル・ゲイン**」がある。

　小さな改善の積み重ねが大きな成果を生むという意味だが、『失敗の科学』（マシュー・サイド著）に、「マージナル・ゲイン」の考えが紹介されており、その事例として取り上げられているのが、ホットドッグの早食い大会で、何度も世界チャンピオンになった日本ではお馴染みの小林尊だ。

149

小林は、大会参加を決めた後、従来のチャンピオンを参考に、もっと効率のよい食べ方はないかと、小さな改善を積み重ねていった。

　歴代のチャンピオンはみな、ホットドッグを端から口に押し込んでいたが、小林は、半分に割ってから食べようと考えた。やってみると、咀嚼しやすく、手も自由になり、ペースよく次のホットドッグを口に運べた。

　次に、ソーセージを先に食べてからパンを食べてみた。しかし、ソーセージは食べやすかったが、パンにはてこずった。そこで、パンを水につけてみた。水の温度を変えたり、水のなかに植物油を数滴混ぜたりもした。

　さまざまな噛み方、飲み込み方、食べたものが胃に入りやすいように腰を揺らす方法も考えた。こうして小林は、小さな仮説をひとつずつ丁寧に検証していき、初参加で、当時の早食い世界記録の倍近い50本（12分で）のホットドックを食べて優勝している。

　『失敗の科学』には、2000年以降、オリンピックで金メダルを取るまでに飛躍したイギリスの自転車競技チームも紹介されている。その成功の秘訣を問われ、1997年にイギリスチームのアドバイザーに就任したデイブ・プレイルスフォードは、次のように答えている。

　「小さな改善の積み重ね。大きなゴールを小さく分解して、一つひとつ改善して積み重ねていけば、大きく前進できるんです。壮大な戦略を立てても、それだけでは何の意味もないと早いうちに気づきました。もっと小さなレベルで、何が有効で何がそうでないかを見極めることが必要です。たとえ、それぞれのステップは小さくても、積み重なれば驚くほど大きくなりま

す」

　「マージナル・ゲイン」の考えが提唱される前から、些細な
点から改善すべきだと言っていたのは、小林一三だ。氏はアメ
リカの第31代大統領フーバーから、「無駄の排除の必要性」を
学んだといい、次のような発言を残している。
　「製造業ばかりでなく、一般に我々がとっている日常業務で
さえ無駄がたくさんある。時間の無駄、労力の無駄、物資の無
駄、場所の無駄…。しかし、これらは各自が些細な点に注意し、
つねに念頭に置いていなければ、見逃しやすいものである。い
ずれにせよ、社員が協力してこの無駄を駆逐することに努力し
ないといけない。一枚の伝票のつくり方、働き方にも無駄の発
見ができる。机の配置、書棚の位置にも、無駄を見出すことが
できる」（『私の行き方』）

　小林は、昭和の初めに、「改善」の必要性をとなえていた。
本書では、随所で小林の考えを引用しているが、筆者が小林の
経営に惹かれるのはこうした点にもある。

◉小さな休憩をとって生産性を高める
　いまひとつ、「少し」をキーワードに生産性を高める方法が
ある。
　企業が抱える大きな課題のひとつは、ゆとりがないことだ。
ゆとりがないからストレスがたまり、ゆとりがないから生産性
が高くならない、と考えて間違いないだろう。
　どうすれば、ゆとりは出てくるのだろうか。
　筆者は、少し効率を落とすことをお勧めする。生産性を高め
るためには、効率を高める必要があることはいうまでもないが、

151

過度に効率を追いかけると、ゆとりがなくなってしまう。結果として生産性は高くならない。

そこで、働き方改革の一環として取り組んでほしいのは、「小さな休憩」（マイクロブレイク）の導入だ。

人間の集中力には限界がある。同じ仕事を休憩なしに続けていると、間違いなく後半の時間帯は生産性が落ちる。集中力が途切れそうになれば、5分でも10分でもいいから小休止すればいい。休んだ時間に、生産性は落ちるが、再開後は仕事に集中できて、トータルでの生産性は高くなるはずだ。

最近、「ポモドーロ・テクニック」というタイムマネジメントの実践法があることを知った。

イタリアの大学生フランチェスコ・シリロが考案（1987年）したもので、試行錯誤の結果、「25分の作業＋5分間の休憩」が、最も効率的な時間配分だという。台湾の行政府に最年少で入閣して話題になったオードリー・タンも取り入れていると聞く。

効率は高めないといけないが、まず効率ありきでは、生産性は高まらない。

そんな視点で考えたとき、気になることがある。それは、仕事中の喫煙を禁止する会社が増えてきたことだ。

仕事中の喫煙を奨励する気はまったくないが、吸う時間は決してムダではないと思う。問題は、喫煙者だけが休憩できるところにある。この問題を解決するためには、喫煙を禁止するのではなく、非喫煙者に積極的にマイクロブレイクを与えればいい、と筆者は考えている。

> **経営のツボ**
>
> ## 顧客基点で売上を伸ばす。

●売上を伸ばすにはどうしたらよいか

経営コストの削減と同時に取り組む必要があるのは、売上を伸ばすことだ。いくら生産性が向上しても売上が伸びなければ、会社は発展しない。

では、売上を伸ばすためには、どうすればいいのか。

阪急グループ創業者の小林一三の次の考えが参考になる。

「すべて事業というものは、目的および原則は、単に営利はだめである。自他ともに利益することによって繁盛する。いやむしろ、需要者の利益を主として尊重し計画するほうが、かえって供給する人に利益の多いのが原則でなければならない」

同様の指摘をしているのが、ハーバード大学元教授のセオドア・レビットだ。

氏は、1960年にハーバード・ビジネスレビューで発表した論文、「マーケティング近視眼」に、「企業は自社の事業を顧客の真のニーズから逆算して定義しなければ衰亡する」と書いている。逆に考えれば、顧客基点で事業を遂行すれば、売上は伸び、企業は発展するということになる。

小林が明治40年代に、「顧客基点の経営」を提唱していたのはお見事というほかはない。

顧客基点の経営の実践例として、「ハンズマン」と「カイハラ」を取り上げたい。

153

①ハンズマン（九州中心にホームセンターを展開）

　ハンズマンの特徴は、その品揃えの豊富さにある。たとえば、ガーデニングコーナーで扱う植物は3,000種類、ドリルの刃だけで2,500種類あり、すべてで22万アイテムを超え、ハンズマンが出店すれば、地域住民の生活が一変するとまでいわれている。

　アイテムが多い理由を大薗誠司社長は次のように説明する。

　「お客様の要望を聞き続けてきた結果です。これは、店長時代から始めたことですが、お客様が、こういう商品がほしいとおっしゃれば、可能な限り要望にお応えして、店に置くようにしています。売り場の担当者が、お客様の要望があれば、それを『要望商品メモ』として、記録に残します。すぐに取り寄せられる商品は、担当者レベルで処理し、それができない商品については本部で対応しています」

　筆者が大薗に話を聞いた2011年時点で、この「要望商品メモ」は、全店合わせて毎月2,000枚は寄せられ、そのすべてを大薗がチェックしているという。結果、6割から7割が採用され、毎年1万点程度、アイテムが増えていくという。

　メモのなかには、ホームセンター向けには出されていない商品もある。そういうときには、大薗はメーカー宛てに、「ハンズマンはこういう考え方でやっています。商品を大切にしますので、お客様の希望を叶えてください」といった趣旨の手紙を書くという。これまでのところ、そうしたメーカーも100％納品してくれているとのことだ。

　ハンズマンには、お客様が要望することには、損得抜きにまず応えないといけないとの姿勢があるが、売り方にもその考えは貫かれている。

たとえば、手袋の片手だけがほしいというお客さんがいれば、片手だけを売る。ある商品の部品だけをほしいといわれ、それがなければ、店にある該当商品の部品をはずして販売するともいう。

ハンズマンの営業開始時間は、朝7時と早いが、これも顧客の利便性を考えてのことだ。ハンズマンの顧客には、プロの大工さんや農家の方も多い。そういう方は、朝一番、仕事前にハンズマンに来て、資材を買ってから現場に向かう。

そのニーズに応えるために、営業時間が早いのだが、早いだけではない。早朝は、パンとコーヒーが無料でふるまわれている。まさに、いたれりつくせりなのだ。

ハンズマンは、お客さんの要望を聞くばかりでなく、十分に商品説明をするために、同業他社の3倍もの人員が店舗で働いている。

お客さんにとっては、ありがたい限りだが、それでは、コストがかかりすぎて経営が成り立たないように思える。現実に、大薗が決算説明会に出ると、「もっと人を減らし、売れ筋商品に絞り込めば、もっと利益が出るのではないか」と指摘されるという。

しかし現実には、「お客様のためになるのなら、いくらコストをかけても、かけたコスト以上の成果があがる」のであり、それをハンズマンは証明してみせているのだ。

従来から、流通業の経営者は、全員といっていいぐらい、「顧客第一」をスローガンに掲げている。ところが、時間とともに、品揃え、営業時間、サービス等々の面で、自社の効率を第一に考えるようになっているのが現状だ。結果、顧客の支持を失っていることに気づかない経営者が多いのではないか。

ところが、大薗は、「自分の考えでやっていくと、売上は下がっていく、売上はお客様の気持ちそのまま」との考えで、愚直なまでに、「顧客第一」を実践し、業績を伸ばし続けているのだ。

②カイハラ（デニム生地の一貫メーカー）

　「カイハラ」の強さは、ものづくりだけにあるのではない。生地メーカーでありながら、クライアントのジーンズメーカーに、絶え間なく提案することで、勝ち残ってきたのだ。

　「東京に営業所がありますが、セールスだけが目的で設けたわけではありません。当社の営業はルートセールスが中心ですから、一度お取引が始まりますと、あとは、市場動向をお知らせするとか、新しい提案をするといった具合に、カスタマーサービスのほうが多いのです。流通として商社を通すものもありますが、基本的には新しい商品の企画を立てて、直接お話をするようにしています。ジーンズは、昔はワーカーの作業着という位置づけでしたが、いまは男女の区別なく、それもかなりファッション化してきましたので、ますます商品開発力、提案力が大事になってきました」（取材時会長の貝原良治）

　2007年の12月２日、「カイハラ」は、ＮＨＫが、毎週日曜日の朝８時半から放映する「経済羅針盤」で紹介されたのだが、なんとそのときのタイトルは、「素材メーカーがつくる流行」というものだった。番組が取り上げたのは、東京の営業マンの日常の仕事ぶりだ。

　まず、映し出されたのは、「カイハラ」の営業マンが、カジュアルウェアの流行の発信地である原宿を中心に、エンドユーザーの嗜好がどう変化しているのかを調査している姿だった。

彼らは、そうした調査の結果をベースに、新しい生地見本をつくり、ときにはデザインまでをジーンズメーカーに提案しているのだ。

貝原会長によれば、1年間で新しくつくる生地見本は700にもなるという。そのうちの7割程度は、ジーンズメーカーに提案されることもなく消え去っていくとも聞く。

日の目を見ない生地見本の多さを指して、「うちは世界一失敗の多いデニムメーカーです」と、貝原会長は、苦笑まじりにいうが、顧客基点で新しい生地、デザイン等を提案することで、リーバイスからユニクロまでの幅広い企業群からの支持を得ることに成功したのだ。

顧客第一を謳いながら、自社第一の会社が多いなかで、顧客基点で事業を進めることは難しいかもしれない。しかし、事業の基点を顧客におけない会社は、継続して発展することはできない、と筆者は考えている。

筆者が大きな影響を受けた経営思想家のミュラータイムは、「いかなるビジネスも顧客の立場に立ち、その位置から見ない限り、全体像をつかむことはできない」といっている。

経営のツボ

心理学・行動経済学の知見を活かして
売上を伸ばす。

◉**人間の本質を研究する学問が進化している**

「人間を知る」ための方法として、歴史書を読むことをお勧めした。しかし、現代は、心理学・行動経済学等の人間の本質

を研究する学問が目覚ましく進化してきているので、そうした知見から学ぶことも重要になってきている。

　リクルート創業者の江副浩正（東大で教育心理学を学ぶ）のように、心理学の知見を社員教育に活かした経営者もいたが、江副のようなタイプは少数派だった。

　ところが、心理学と経済学を統合させた「行動経済学」の業績が評価されて、2002年にダニエル・カーネマンが、ノーベル経済学賞を受賞してからは、流れが変わってきた。

　カーネマン以後、行動経済学の研究成果が次々と公開され、それを「顧客の購買を促す手法」として取り組む企業が増えてきたのだ。

　本来、人間は合理的に行動すると考えられてきたが、決してそうではないことを、行動経済学者たちは、各種の実験を通じて科学的に証明した。

　いい商品を安く売るだけでは、顧客の財布のヒモを緩めることはできない。どのような心理状況になったときに、顧客は買いたいと思うのか？

　心理学・行動経済学の研究成果に、その答えを探ってみた。

①知っておきたい心理学の知見
【初頭効果】

　これは、「最初の印象が、その後の関係性を方向づける」という心理作用で、心理学者のソロモン・アッシュが、各種の実験で明らかにしている。

　最初の出会いで、相手にいい印象を残せるかどうかが、ポイントになってくる。

　たとえば、あるホテルを予約しようとした人がいたとしよう。最初は、ホームページにアクセスするか直接電話するかのどち

らかだろうが、いずれの場合でも、最初に受けた印象で、ホテルへの好感度は違ってくるのだ。予約した当日になってホテルに向かったとして、玄関まわりでの印象、フロントの対応も初頭効果に該当するのだ。

この初頭効果は、ビジネスでは、さまざまな局面で考えられる。レストランなら、外観、店に入ったときの店側の対応、セールスにいったときなら、相手に与える最初の印象…に気を配らないといけないということだ。

【親近効果】

これは、「最後に提示された情報が、印象や判断に強く影響を与える」という心理作用で、心理学者のノーマン・H・アンダーションによって提唱されている。

ホテルの場合だと、チェックアウト時、玄関でのお見送りの印象が好ましければ、いいホテルだったと思ってもらえると考えればいい。滞在中の不満も、最後の印象がよければ、少しは解消されるということだ。

親近効果は、ビジネスのさまざまな局面で活かすことができる。セールスに行ったときに、最初の印象が悪くても、親近効果で挽回するようにすればいいのだ。

【単純接触効果】

これは、「繰り返し接することで好意度や印象が高まる」という心理作用で、提唱したのは、心理学者のロバート・ザイアンスだ。

たとえば、マンションの玄関で、毎日のように会う人がいたとしよう。相手の仕事も名前も知らなくても、会話を交わさなくても、何回も接触するうちに好印象を持つことが、いくつも

の実験で証明されている。

　何度もコマーシャルソングを耳にしているうちに、その商品を好ましいと考えて購入してしまうのも、単純接触効果のなせる技だ。

【マジカルナンバー】

　心理学者のジョージ・ミラーが、1956年に提唱した概念で、人間の情報処理能力には限界があり、同時に処理できるのは、「7±2」（5から9）が限界で、この数字をマジカルナンバーと名づけた。

　ミラーは、ある実験で、協力者にいろいろな形を見せた後で、それを小さい順に並べてもらったところ、見せた形が7種類までの場合、順位づけは非常に正確だった。ところが、形の種類がそれより多くなると、とたんに間違いを犯すようになったことから、マジカルナンバーに思い至ったという。

　その後、多くの認知科学者が、さまざまな実験を行ない、同様の限界があることを明らかにしている。

　たとえば、伝えたい情報が21ある場合なら、一度にすべてを伝えると覚えにくくなるので、3つにグループ分けして、時間をおいて提示すればいいことになる。

【決定回避の法則】

　人間は、選択肢が多ければ喜ぶが、多すぎると選択そのものを拒否する傾向が強いという。

　この法則を裏づけたのが、心理学者のシーナ・アイエンガーが1995年に、スーパーで行なった「ジャムの研究」だ。

　アイエンガーは、著名メーカーのジャムの試食会を、品揃え24種類と6種類の2つのパターンで実験した。試食コーナーで

はジャムは販売せず、立ち寄った客全員に、バーコードの付いた1ドル引きクーポンを配布した。バーコードで、売り場でジャムを購入した客がどちらの試食コーナーに立ち寄ったかがわかるようにしてあった。

　結果は、試食コーナーへの立ち寄り者数は、24種類のときは買い物客の60％、6種類のときは40％で、種類の多いコーナーのほうが多かった。ところが、実際のジャムの購入者数は、6種類のコーナー30％、24種類のコーナー3％で、種類の少なかったほうに軍配は上がったのだ。

　この実験から、わかるのは、品揃えが多ければ顧客の目は引くが、購買には結びつかないということだ。品揃えの多い陳列棚は魅力的ではあるが、多すぎると売上が下がる可能性が高い。品揃えでも、マジカルナンバーがあるようだ。

②知っておきたい行動経済学の知見
【プロスペクト理論】

　これは、ノーベル経済学賞受賞者のダニエル・カーネマンが導き出した、行動経済学の骨格をなす理論で、「人間は、同一のものごとでも、状況次第でとらえ方が変わる。人は人生を状態ではなく、変化で考える。人は変化には敏感に反応するが、同じ状態が続くと反応しなくなる」（『ファースト＆スロー』）と説明している。

　この「プロスペクト理論」から導き出された人間の特性は、大きく以下の3つがある。

1）損失回避性

　「人間は、自分がいま持っているものを失うことに恐怖心を感じる。その可能性が非常に低くても損失を利益よりも強く感

じる習性から、損を回避したいと考えがちになる」という研究結果がある。

行動経済学者は、多くの実験から、損失は利得の1.5～2.5倍に感じられるという結論を出している。1倍近い差があるのは、ギャンブル好きは、損失許容度が高いからだという。

顧客満足度を高めるためには、顧客に喜ばれることをすればいいと考えがちだが、それだけではいけない。何より気をつけないといけないのは、「顧客に不快な思いをさせない」ことだ。

なぜなら、1回喜ばれても1回不快な思いをさせれば、1：2で不快感のほうが強く印象に残ってしまうからだ。

また、人の感じた「喜び」は、あっという間に消えるが、「不快」な思いは、長く記憶に残るとの検証結果もある。対顧客、対人関係では、「不快」な思いをさせないようにしないといけない。

2）参照点依存症

Ａさんもｂさんも、いま100万円所有している。

Ａさんは、150万円あったのだが、昨日ギャンブルで50万円負けて100万円に。

Ｂさんは、50万円しかなかったが、昨日ギャンブルで50万円勝って100万円に。

Ａさんの参照点は150万円、Ｂさんの参照点は50万円。

価値は、参照点からの変化、また参照点との比較において判断されるので、同じ100万円持っていても、Ａさんは不満に思い、Ｂさんは嬉しく感じるものなのだ。

3）感応度逓減

150円のものが50円に値引きされているとお買い得だと思う

が、1,500円のものが1,400円に値引きされていると、得だとは思わない。どちらも同じ100円の値引きなのに、主観的価値は異なってくるのだ。

　利得でも損失でも、その値が小さいうちは変化に対して敏感だが、値が大きくなるにつれて、変化への感応度は低減する。

　たとえば、Cさんの給与が30万円だったとしよう。翌年に35万円になれば嬉しいに違いない。その次の年も5万円上がって40万円になれば、まだ嬉しいだろう。しかし、この昇給が何年も続けば、嬉しさは年々低減してしまうのだ。

【フレーミング効果】

　人は、同じ情報でも伝え方や表現が変わると、受け止め方が変わってくる。

　人間の意思決定は、情報の提示のしかた（フレーム）で大きく変わることから、「フレーミング効果」と呼ばれている。

　「医師を対象に、あなたががん患者だとした場合、術後1か月の生存率は90％と聞くとどうしますかと質問すると、84％が手術をすると答えた。同じく医師を対象に、表現を、術後1か月の死亡率は10％だとどうしますかと聞くと、手術に同意した人は50％だった」という検証結果がある。

　いずれも生存率は90％なのに、専門家の医師といえども、表現が違うと選択も変わってしまうのだ。

　同じ情報でも提示のしかたが違えば、顧客の反応が違ってくることを如実に証明しているのが、イギリスの経済雑誌「エコノミスト」が、年間購読者を募ったときの実験だ。

　ひとつは、「①ウェブ版だけの購読だと59㌦」「②印刷物だけの購読だと125㌦」「③印刷物とウェブ版のセット購読だと125㌦」の3択で提示。

もうひとつは、「①ウェブ版購読だと59ド゙ル」「②印刷物とウェブ版のセット購読だと125ド゙ル」の2択で提示。

　購読料は変わらないのだが、前者の場合は①が16人、②は0人、③は84人だったが、後者では①が68人、②は32人と、購読者数は逆転している。

　「エコノミスト」の例からは、「人間はものごとを相対的にとらえる」という性向があるとも読み取れる。レストランのメニューにある「松竹梅」が、この性向を応用しているといわれている。筆者なんかは、仕掛けに引っかかりやすく、たいがいの場合は、竹を注文してしまう。

　ところが、敵もさるもので、久しぶりに行った店では、松の上位に「上松」が追加されていた。ふだんなら躊躇なく竹を選択するのだが、このときばかりは、提示のしかたに感心したこともあって、つい松を注文してしまった。

　「フレーミング効果」を「フレーミングの罠」ともいう所以が、こんなところあるのだろう。

　顧客に対しては、提示のしかたに工夫をこらすことが必要だが、自分が消費者の場合は、罠には陥らないようにしないといけない。

【ナッジ】

　本来、ナッジとは、ひじでつつく、そっと後押しをするという意味だが、行動経済学では、情報の見せ方を簡素にすれば相手を誘導することができる、といった意味合いで使われている。

　2017年にノーベル経済学賞を受賞したリチャード・セイラーが有名にした概念で、よく取り上げられるのは、オランダのスキポール国際空港の男子トイレ小便器に描かれているハエの絵

だ。あのハエひとつによって、便器の外に飛び散る尿は激減したといわれている。

行動経済学の知見では、人間は怠惰な存在で、最初に与えられたものを変更せずに選び続けるとされている。それだけに、最初に与えるもの、いわゆるデフォルト（初期設定）を慎重に考えるべきだと指摘している。

ネット上で買い物をするときでも、何回もクリックしないと注文が完了しないような設定だと、人は回避してしまう。手続きが簡素だと、人の購買意欲は刺激されると聞く。

ナッジは、お金がかからない手法だけに、多くの国の行政が取り組んでいる。日本では、環境省が事務局を務める「日本版ナッジ・ユニット」が設立されて、地方自治体も含めてナッジを実践している。

ナッジの手法は、基本的には効果が高いのだが、ここまで増えてくると、「過ぎたるは及ばざるが如し」で、やりすぎると逆効果になりかねないことも理解しておく必要があるだろう。

【アンカリング効果】

ある未知の数値を見積もる前に、何らかの特定の数値を示されると、その数値に影響される…。これを「アンカリング効果」または「係留効果」と、行動経済学では呼んでいる。

カーネマンは、「ガンジーは亡くなったときに114歳以上だったかと質問されたら、ガンジーは亡くなったときに35歳以上だったかと聞かれたときよりも、あなたははるかに高い年齢を答えることになるだろう」（『ファースト＆スロー』）と、指摘している。

つまり、最初に114と聞くと答えは114に近くなり、35と聞くと答えは35に近くなることを、実験で発見したというのだ。

165

多くの不動産業者は、住宅購入希望者に対して、最初に見せるのは、希望よりも高い価格で少し難のある物件だ。気に入らないというと、次に見せるのは、最初のより価格は安いが難のない住宅だ。

最初の物件の価格がアンカーとなって、その後の価格がより安く感じてしまう。まあ、現実には2回とは限らないだろうが、最初の数字に知らずしらずのうちにではあるが、影響を受けているということだ。

見積書を出す場合にも、最初に提示する数字には注意が必要だ。顧客には最初の数字がアンカーになっているから、そこからいくら値引きしてもらえるかを交渉してくるようになる。

本来、掛け値なしで正直に見積もればいいのだが、ギリギリの数字を提示すると、安くできる余地がなくなってしまう。あといくら安くすれば契約するといわれれば、多くの場合は受けるしかないのではないか。結果、仕事は受注できても利益は下がってしまう。

行動経済学者は、「日常的に見られるアンカリング効果は枚挙にいとまがない。何らかの推定や見積もりをするときに、可能な選択肢として提示された数字は、すべてアンカリング効果をもつことになる」と指摘している。

売り手側のときには、「アンカリング効果」を上手に活用し、自分が消費者のときには、「アンカリングの罠」に落ちないようにしないといけない。

【「影響力の武器（なぜ、人は動かされるのか）」の知見】

社会心理学者のロバート・B・チャルディーニは、相手に「イエス」といわせることに長けた人たちを、「承諾誘導のプロ」と呼び、そんなプロたちの行動やマニュアルを研究した結果わ

かったことは、相手に「イエス」といわせるプロたちは、人間の持つ２つの特性、「固定的動作パターン」と「コントラストの原理」を巧みに利用していると指摘している。

1）固定的動作パターン

人間を含めた動物には、固定的な動作パターンがあるという。

野生動物の研究者によれば、たとえば、七面鳥はヒナが「ピーピー」と鳴いたときに限ってそのヒナの世話を焼き、鳴かなければ無視するばかりでなく、殺してしまうことさえあるらしい。

「ピーピー」という鳴き声の刺激によって、親は自動的にヒナの面倒をみるという行動に移るというのだ。こうした行動は、「固定的動作パターン」と呼ばれており、人間も同様だと指摘している。

人間は、高価なものをみると、自動的に「良質なもの」と思う習性がある。これも、ある種の固定的動作パターンなのだという。

a）「お願い＋○○なので」と、頼み事をするときには、理由を付け加えると了承してもらいやすい。たとえば、社内で、「コピーを先に取らせてくれませんか」と、頼んだときには60％が譲ってくれ、「急いでいるので」と理由を付け加えると94％が了解してくれたとの調査結果がある。

b）ニューヨークのある宝石店で、あまりにも売れないので、オーナーがすべての商品の価格を２分の１にするようにとのメモを残して出張に出かけ、何日かして店に顔を出すと、価格を変更してからはよく売れているという。オーナーは、値

下げで売れたと思ったのだが、実情は違った。メモを見た販売員が、読み間違えて２倍の値段をつけたら売れたというのだ。これは、人間は、値段の高いものを良質だと思い込む、固定的動作パターンがもたらした結果だと、チャルディーニは分析している。

2）コントラストの原理

　人間は、二番目に提示されるものが、最初に提示されたものとかなり異なっている場合、それが実際以上に最初のものと異なっていると考えてしまう傾向がある。

　たとえば、最初に軽いものを持ち上げて、次に重いものを持ち上げると、ただ二番目のものを持ち上げた場合より重く感じてしまう。これは、知覚のコントラストが働いているからだと、チャルディーニは分析している。

a）精神物理学教室での実験では、冷水、常温、お湯の入った３つのバケツを用意し、最初に冷水に左手、お湯に右手をつけさせる。その後、両手を同時に常温の水につけさせると、左手はお湯につけたように、右手は冷水につけたように感じるという結果が報告されている。これは、知覚のコントラストのなせるわざだというのだ。

b）宝石を買いにいったとき、予算を聞かれ60万円と答えたとしよう。コントラストの原理を理解している店員なら、最初に80万円の商品を見せる。客が、予算オーバーだというと、次に見せるのは66万円のものだ。客は、80万円とのコントラストで安いと感じて購入する確率が高くなるというのだ。

ｃ）紳士服の店にスーツとセーターを買いに来た客がいたとする。店員は、最初にスーツの購入を決めさせる。なぜなら、高いものを買ったあとは、セーターをついつい安く感じて買う傾向が強いからだ。

　自動車ディーラーも同じで、最初に車の購入を決めさせ、ひとつずつオプションを勧めていくと、買ってしまう客が多いという。車のオプションは、オートバックスのような専門店で買うほうが安いはずなのだが、高い車を買った後は、コントラストの原理が働いて買ってしまうらしい。これは、ヨーロッパの某自動車メーカーが実際に使った戦術だと聞いている。

【相手にイエスといわせる６つの戦術】

　説得に使える戦術は数限りなくあっても、その大部分は以下にあげる６つの基本的なカテゴリーに分類できると、チャルディーニは指摘している。

１）返報性

　他人がこちらになんらかの恩恵を施したら、自分は似たような形でお返しをしなくてはならない、と思う習性が人間にはある。

　たとえば、近所の人が旅行に行って、お土産を買ってきてくれれば、次に自分が旅行に行ったら、その人にお土産を買って帰る。

　自分に譲歩してくれた相手に対して、譲歩を返す義務が生じると思うのも「返報性」の原則が働いているのだ。

　『影響力の武器』には、こんな例が紹介されている。

　「ボーイスカウトから、週末のイベントの１枚５ドルのチケッ

トを買ってほしいとお願いされたとき、予定があって断わると、チケットがダメなら、チョコバーはどうですか、1本たったの1㌦です、といわれ、チョコレートは食べないのに、2本買ってしまった」

　大きな要求（5㌦）を出して拒否された後、小さな要求（1㌦）をすると、「返報性＋『コントラストの原理』」が働いてイエスという可能性が高いという。

2）コミットメントと一貫性

　一度決定を下したり、ある立場をとる（コミットする）と、自分の内からも外からも、そのコミットメントと一貫した行動をとるように圧力がかかる。

　アメリカの例だが、玩具業界は、クリスマス前後に売上が集中し、その後2か月ぐらいは急激に売上が落ちることが悩みだった。

　あるメーカーが、クリスマス前に子供向け番組で「ロードレース」セットのコマーシャルを執拗に流す。子供も親に、クリスマスに、これを買ってほしいというと、親はOK（コミットする）を出す。

　このメーカーはクリスマス時期に少量しか卸さないので、売り場は売り切れ状態になっている。子どもが可哀想に思って、親はしかたなく別のおもちゃを買い与える。

　年が明けてから、また「ロードレースセット」のコマーシャルを流す。一度コミットしているので、親は買わざるを得なくなってしまう。

　これは、ほめられた例ではないが、コミットメントは、社員の行動を促すときも有効に活用できる。

　営業担当者には、営業目標をただ提出させだけでなく、みん

なの前で宣言させるといい。コミットメントしたことは、守ろうとするので営業活動にも好影響を与えるといわれている。

逆に、コミットメントしたことを守らないと、信用をなくしてしまうから、安易にコミットメントはしないほうがいいだろう。

3）社会的証明

人間は、特定の状況で、ある行動を遂行する人が多いほど、人はそれが正しい行動だと判断する傾向が強い。

たとえば、行列ができる店、テレビで紹介された店だと聞くと、その店はいいと思ってしまう。

最近では、ネット上での評価を気にする企業が増えてきている。なぜなら、ネット上での評価が高ければ、その商品なり、お店はいいものだと考えてしまう人が多いからだ。人は、真実は知らなくても、評価が高いというだけで、購買欲を刺激されてしまう。

本当の意味で、社会的証明を手にすれば、これほど心強いこともない。

4）好意

相手をよく知っていて、しかもその人に好意をもっているとイエスという可能性が高い。

相手にイエスといってもらうためには、まず好意をもってもらわないといけない。

外見的に魅力があれば、人は好意を感じてくれる。

これまでの研究によると、私たちには、外見のいい人は、才能、親切心、誠実さ、知性といった望ましい特徴をもっていると自動的に考えてしまう傾向があると報告されている。

私たちは、自分に似ている人を好み、なじみのあるものに対して好意を感じるともいう。

たとえば、趣味、故郷、学校等々が類似していると、相手は好意をもってくれるものなのだ。ゆえに、相手のことを知れば知るほど、交渉事はうまく進むといえる。

5）権威

私たちは、社会的権威が高い人に弱く、なにかにつけて専門家の指示を仰ごうとする。

肩書だけを信じる傾向も強い。ハーバード・ビジネススクールでＭＢＡを取得したと聞くだけで、信用してしまう。それに報道番組のコメンテーターの肩書もつけば最強だろう。

ところが、世の中には、学歴詐称で表舞台から消えていった著名人も少なからずいる。相手にイエスといってもらうためには、権威づけは大いに効果があるが、嘘はいただけない。

6）希少性

人は、手に入りにくいと思うと、ますますほしくなってしまう習性がる。

テレビショッピングの、「数量を限定」「時間の制限」などは、希少性を謳って購買意欲を刺激する最たるものだ。

チャルディーニは、この６つの戦術を組み合わせて活用すると、より大きな効果が期待できると指摘している。

ただし、心理学や行動経済学の知見を悪用してはならないことだけは、頭に刻み込んでおいてほしい。

ドラッカーは、「心理学の知見を応用するのはいいが、心理操作による支配になってはいけない」（『マネジメント・基本と

原則』）と、行動経済学が話題になる前にいっている。

　ところが最近は、「心理操作による支配」が目立つようになってきた。「ダークパターン」が、まさにそうだろう。ダークパターンとは、顧客の本来の意図とは関係なく、行動経済学の知見を応用して購買を促す手法で、最近では、規制の対象になりつつある。

　ダークパターンの具体例のなかに、「社会的証明」と「希少性」があげられている。

　知見を活かすことは大事だが、悪用すると、評判を落としかねないので十分に注意を払ってほしい。

3-4

事業構造を改革すれば
利益率は高くなる

　ここまで書いてきたように、リーダーが変わり、人と組織が
強くなれば、収益力は間違いなく向上する。しかし、同時に取
り組まないといけないことがある。それは「事業構造を改革」
することだ。

　会社全体では利益が出ていても、個々の事業別、商品別、顧
客先別で見れば、それぞれ利益率は違ってくるはずだ。利益率
の高いものもあれば低いものもあるし、なかには赤字のものも
あるはずだ。

　不採算事業を抱えたままでは、収益力を向上させても限界が
ある。そこで、大事になってくるのが、自社の手がける事業の
"棚卸し"だ。

経営のツボ

事業構造を改革する手順を知っておく。

●事業構造を改革する際の3つの方法

　おそらく、リーダー（とくに経営者）は、感覚的には儲かっ
ている事業と、問題のある事業の見分けはできているに違いな
い。しかし、感覚ではなく、具体的に数字で実態を把握する必
要がある。

　細かく見るには、製品ごとの損益計算書を作成することをお

174

勧めする。そのためには、綿密な原価にもとづいた見積書を出さないといけない。

また、途中で、発注先が仕様変更を申し出てきた場合には、そのコストも原価に入れて計算し直し、再請求する必要がある。

よしんば、新しい原価にもとづく請求が発注先に受け入れられなくても、正しい原価は把握しておかないといけない。

なぜなら、後述する価格交渉のときに、正しい原価を把握していれば、やりやすいこともあるからだ。

事業構造の改革では、打つ手は大きくは３つある。その方法を改革する手順にそって以下で詳述する。

1 不採算事業から撤退する

経営のツボ

赤字を生み出す事業からの撤退には
躊躇をしない。

●利益率を圧迫する不採算事業の存在

日本企業の利益率が低いのは、従業員の能力を引き出せていないからだと書いてきたが、原因はそれだけではない。忘れてならないのは、不採算事業の存在だ。

多くの企業では、不採算事業が足を引っ張って、利益率が高くならないのだ。逆にいえば、不採算事業から撤退すれば、利益率は大きく改善される。

参考になるのは、元（1271年～1368年）を建国したチンギス・ハーンとその息子オゴディ・ハーンに仕えた名臣・耶律楚材（やりつ・そざい）の次の教えだ。

「一利を興すは、一害をはぶくに如かず。一事を生ずるは、一事を減ずるに如かず＝ひとつの利益を得ようとするなら、ひとつの害悪をとりのぞいたほうがよい。新しい仕事をひとつ増やすなら、古びて役に立たない仕事を、ひとつ減らしたほうがよい」（『元史』）

現代の企業で、この教えを実践して蘇ったのが、百貨店の大丸（現・Ｊ.フロントリテイリング）だ。

バブル崩壊後の大丸は、「約40もの事業を手がけ、そのほとんどが不採算で、本業の百貨店事業で稼いだ利益のすべてが不採算事業の『止血』に使われて、赤字がどんどん膨らんでいく

状態だった」と、当時社長を務めていた奥田務は振り返っている。

　そんな状況で奥田が、最初に取り組んだのは不採算事業からの撤退だった。なぜ、不採算事業の整理を優先したのか。奥田は、大意、次のように説明している。

　「私は、改革を実践するなら、『守』と『攻』を両方やろうと考えていました。けれどまず『守』から着手しないと、『攻』のための資金がでません。救いのない不採算事業に利益がどんどん垂れ流されていく状況では、『攻』の改革を実践しようにもできないのです。改革の第一歩目は、やはり不採算部門を大胆にカットして止血することです。1990年代後半には、皆さん大丸と同じような課題を抱えていたはずです。つまり、赤字とわかっていても、思い切って事業整理ができず、ずるずる不採算事業を抱え込んでいたのです。ただし、大事なのは、膿を出す改革は短期間でやり切ることです。リストラばかりが続くと縮小均衡に陥り、社員は萎縮しがちになります。事業整理の見直しに目処がつけば、同時に思い切った攻めに転じるべきでしょう」（『未完の流通革命〜大丸松坂屋、再生の25年〜』）。

　まさにその通りだと思うが、不採算事業に手をつけられない経営者が多い。

　なぜなら、赤字を生み出す事業とはいえ、そのほとんどは先代社長が手がけてきたものだから、手をつけることに躊躇してしまうのだ。

　そうした「忖度」が、日本企業の生産性を落とし込んだ原因になっているのだろう。

　収益力を高めない限り、高騰する人件費をまかなえる原資も、

攻めに転じる費用も確保できないことを肝に銘じる必要があると、筆者は考えている。

　ちなみに、奥田が社長に就任した1997年度の大丸の営業利益は約70億円（連結）だったが、2007年度には、約400億円の営業利益を計上するまでに回復している。

② 既存事業の改善で利益率を高める

経営のツボ

存続に必要な利益が確保できるのなら、
価格交渉に取り組む。

◉採算性のいい事業を深掘りする

数字的には不採算であっても、残さないといけない事業、製品もあるだろう。

そうしたものについては、販売価格を適正にすれば、存続に必要な利益が確保できるのであれば、価格交渉に取り組まないといけない。

幸いなことに、政府が外注価格に目を光らせている、いまがチャンスだと考えて、取引先に値上げ交渉をする必要がある。このとき、相手の対応が不当だと思えば、思い切って受注しないのも手だ。

従来だと、代わりの企業が同じ価格で、引き受けることもあったようだが、そんなことをすれば、受注した企業が苦しくなるだけだ。

小売業、サービス業の場合には、価格の決定権は顧客サイドにあるだけに、安易な値上げはやらないほうがいい。徹底的に販売管理に関わるコストを削減して粗利を高め、同じ販売価格でも利益が出るようにしないといけない。そのためにも、商品ごとの粗利を的確に把握しておく必要があることはいうまでもないだろう。

なお、不採算事業の生産性を高める具体的手法については、144ページの①以降を参照していただきたい。

自社にとって、平均以上の利益率の製品であっても、そこで満足しないでほしい。139ページで指摘したように、得手の分野を深掘りすれば、よりコストが削減されるだけでなく、より品質のよい製品が開発できるのだ。

　得手の（採算性のいい）事業を深掘りすることが好業績企業への道であることは、マブチモーター以外の企業をみてもわかる。

　北海道でコンビニを展開するセコマ元社長の丸谷友保は、「ローカルを深掘りすれば、無限の可能性が見えてきた」といい、ユニ・チャームの実質的な創業者高原慶一郎は、「小が大に勝ち、弱者が強者を食うもっとも強力な方法は、得意分野での競争に徹することである」といっている。

　ソニーの創業者のひとり、井深大は、「事業の妙味は、事業をたくさんに広げるのではなく、ひとつをだんだん深めるところにある」といっている。

　沖縄のサンエーは、「沖縄の大衆市場」を、カイハラは、「デニム」を得手の分野とし、深掘りしてきたからこそ発展できたのだ。

3 攻めの経営で、新しい事業の柱を立てる

> **経営のツボ**
> 得手の分野を深掘りすれば、
> 新しい事業のタネも見つかる。

●顧客が喜ぶ事業に進出する

　得手の分野を深掘りすることで、利益率と品質がよくなると書いたが、メリットはそれだけではない。深掘りすれば、新しい事業のタネも見つかるのだ。

　北海道のセコマは、コンビニを展開するだけでなく、北海道ブランドを活かして商品開発を積極的に行ない、自社店舗だけでなく、北海道以外の地域への販売も行なっている。北海道の顧客に喜んでもらえる商品を自社で開発するうちに、北海道以外の地域への事業も手がけるようになったということだ。

　沖縄のサンエーは、創業時は、衣料スーパーを手がけるだけだったが、そのノウハウを活かして食品、外食にも進出して成功し、その後は、家電量販、ドラッグストア、沖縄ローソン等々と、事業領域を拡大してきている。

　いずれも沖縄以外には店舗はなく、まさに「沖縄の大衆市場」を深掘りした結果の業容だといえる。

　「深掘り」とは、既存の事業、顧客を基点に、どうすればもっと喜ばれるのかを考えることだといっていいだろう。

　その実践例として、いちばんに紹介したいのが阪急グループ創業者の小林一三の経営だ。

　小林は、箕面有馬電気軌道（現・阪急電鉄）を手始めに、「宝塚唱歌隊（宝塚歌劇団）」「乗客誘致のための住宅開発」「住宅

ローン」「車内吊り広告」「ターミナル百貨店」「高校野球（当時は中等学校）の夏の大会」「80銭均一ストア」等々、新規事業を次々に手がけて成功させた経営者だ。

　まさに、新規事業開発の神様的存在だが、なぜそうした事業を思いついたのか、と聞かれ、小林は、「僕の事業というものは、その時々の現状にベストを尽くす結果、生まれたものである」と、答えている。

　最初に手がけた箕面有馬電気軌道（梅田から箕面・宝塚間）は、関西の私鉄としては後発で、恵まれた路線ではなかった。とりわけ、箕面には自然、宝塚には温泉しかなかった。

　そこで、利用客を増やすために、箕面に自然動物公園をつくり、宝塚で唱歌隊を始めたという。なんと宝塚唱歌隊は、温泉施設の客集めの余興だったと、小林自身が語っている。

　終着駅、梅田にある「ターミナル百貨店」は、小林が梅田駅で乗降客を観察していると、繁華街にあるデパートの買い物袋を持っている人の多いことに気づいたことがキッカケで生まれたものだ。

　当時の百貨店は、すべて繁華街に立地していて、顧客は最寄り駅から送迎されていた。それなら、送迎の必要のない駅につくれば、顧客も喜ぶのではないかと考えて、始めたものだ。

　また、乗降客を増やすためには、沿線に住む住民の数を増やすべきだと考えて、建売住宅を手がけている。

　小林が、鉄道用地を買収していると、住宅に向いた土地が手つかずで残されていた。

　そこで小林は、鉄道用地だけでなく住宅用地も同時に買って、鉄道を走らせてから、公務員の初任給が50円の時代に、「月12円で買える土地家屋、10年間で自分の家が持てる」と住宅ロー

ンを活用したキャッチフレーズで販売して、大好評を博したと聞く。

●ライバル企業と対象顧客を研究する

顧客基点の新規事業開発で、忘れてはならないのは顧客層の分析だ。

小林は、宝塚歌劇団の成功のあと、東京でも娯楽提供の施設として日劇を計画したのだが、このときは、顧客対象は誰で、その人たちは娯楽にどれぐらいお金を使えるのか、どの時間帯だったら観劇に来られるのか等々を事前に研究してから劇場の設計に取りかかっている。

小林が、一貫して顧客層にしてきたのは、ボリュームゾーンの大衆だった。

大衆が１回の観劇に払える額をはじき出して、そのお金でペイできる席数の多い劇場を建て、開演する時間帯も、会社員向けに、仕事が終わってから来られる時間を設定している。

ちなみに、ライバルの松竹は平日の午後４時ごろから始めていたという。こと演劇では、顧客層を徹底的に研究した日劇が、松竹を凌駕したことはいうまでもないだろう。

後発であっても、自社が培ってきたスキルを活用すれば、先発企業に勝てる見込みがあれば、どんどん挑戦すればいいのだ。

サンエーの場合は、新しく手がけた事業はすべて先発企業があったが、衣料スーパーの経験を活かせば、沖縄の大衆相手のビジネスなら異業種でも勝てると考えて参入して結果を出しているのだ。

新規事業に限らず、ビジネスで成功するためには、孫子の次

の教えが参考になる。

「敵を知り己を知るならば、絶対に負ける心配はない。己を知って敵を知らなければ、勝敗の確率は五分五分である。敵をも知らず己をも知らぬとすれば、いつも危ない橋を渡らなければならない」

孫子の時代の敵は、天下を争う敵国そのものだが、企業経営の場合には、顧客も含まれることはいうまでもないだろう。

ライバル企業と対象となる顧客を研究したうえで、「己」、すなわち自社の現実の姿を把握して、得手の分野を深掘りすれば、絶対に負けることはないと、筆者は理解している。

エピローグ
なぜ、優良企業が衰退するのか？
組織をダメにする「ツボ」に落ちてはならない！

　相変わらず、かつては高く評価された企業の衰退が目立つ。直近では、日産自動車、セブン＆アイホールディングスが最たるものだろう。

　なぜ、優良だった企業の業績が悪化するのだろうか？

　バブル崩壊以降おおよそ30数年間、日本経済は停滞していたが、外部環境が企業に与える影響は共通してあるものだ。それだけに、外部環境の悪化だけが原因とはいえない。

　現に、自動車業界では、トヨタの業績は順調だし、流通業では、ドン・キホーテ、ユニクロのように、厳しい環境下でも成長している企業はある。

　そうした視点から考えると、衰退の原因は企業内部にあるとしかいえなくなってくる。

　健康だった会社組織を蝕む要因はどこにあるのか。本書では、収益力を高める経営の「ツボ」に焦点を絞って書いてきたが、最後に、組織をダメにする「ツボ」について、「イトーヨーカ堂」を例に分析してみた。

　量販店のイトーヨーカ堂は、長い間、小売業界ではお手本とされる会社だった。本書でも紹介した沖縄のサンエーは、本土研修の視察先には必ずイトーヨーカ堂を組み込んでいた。

　ただ、同グループの場合、コンビニ事業は好調に推移してきたが、スーパーは順風満帆だったわけではない。

　1981年度に赤字に陥ったスーパー事業は、翌1982年6月に

は、「業務改革員会」（業革）を設置して構造改革に取り組んでいる。その後、2000年までは改革の効果が出ていたスーパー事業も徐々に衰退しはじめ、2024年2月期まで4期連続で赤字が続いていた。

そんな状況下で、ファンド系の大株主から構造改革を迫られ、2023年3月から不採算店の整理に取り組み、126あった店舗のうち34を24年2月末までに閉鎖したが、筆者は遅きに失したと思っている。何より問題なのは、ものいう株主の要請で構造改革に動いているところだ。

本来なら、収益力を向上させるためには、いの一番に不採算事業を整理すべきだったのだが、外部からの圧力がかかるまで手をつけられずにいた。

なぜ、不採算であるスーパー部門の改革に取り組めなかったのか。その原因は、大きくは3つある。

一つは、「サクセス症候群」に陥っていたことだ。スーパー部門の経営幹部は、自分たちのそれまでの経営手法に自信があったと思う。これが裏目に出たのだ。

過去の成功は将来の成功を保証するものでないことを理解せず、過去の延長線上で業務を遂行していた結果として、衰退してしまったといえる。

二つめは、経営トップ、とりわけ「業革」をリードした鈴木敏文の思いが、現場の店長クラスに明確に伝わっていなかったことがあげられる。

イトーヨーカ堂の構造改革が成果をみせ始めたころ、鈴木敏文が講師を務める経営セミナーで、筆者は進行役を仰せつかったことがある。

その折、「店長クラスの幹部に、強く言っておられることは

なんですか？」という質問をしたのだが、答えは、「同業他社を見るな」というものだった。実績を残した店長が、「アメリカの流通業を視察したい」といってきたときには、「アメリカの同業も見るな。観光旅行だったら許可する」と答えたと、鈴木がいったことを筆者は記憶している。

ところが、鈴木のこの指示を守っていない店長クラスの姿を、筆者は何回か店舗で目撃している。神奈川県大和市にイトーヨーカ堂とイオンの店が隣接しているところがあった。ある時期、筆者はこの両店を定点観測していたのだが、そこで、何回もお互いに相手の店を視察する社員の姿をみかけたのだ。

同業他社を見れば、よほど気をつけないと同質の競争に陥ってしまう（71ページ参照）。鈴木は、それを恐れていたのだが、現実には、店長クラスの多くが聞く耳を持たなかったというしかない。

三つめは、祖業ともいえるスーパー部門への忖度が原因となっている。

セブン＆アイホールディングスに限らず、日本企業の多くで、先輩や同僚に対する忖度が横行している。それは、大丸百貨店を蘇らせた奥田務の指摘（177ページ）にある通りだ。

不採算事業を抱える企業の幹部は、構造改革の必要なことは理解しているのだろうが、忖度が働いて手をつけずにいるケースが圧倒的に多いといっても間違っていないだろう。

鈴木敏文は、セブン＆アイホールディングス中興の祖ともいえる存在だ。アメリカ発のコンビニを日本に持ち込み、「日本版コンビニ」として成功させ、本家アメリカの「セブンイレブン」を買収して好収益企業に変身させた実績をもつ実力者だ。

また、変化に対応することの大事さを徹底して社員に問いて

187

いた経営者でもある。鈴木は、『鈴木敏文経営を語る』（江口克彦著）で次のような発言をしている。

「私は変化対応を言い続けていますが、実際にはなかなか変化対応できないので困ってしまう。言っている割にはちっとも変わらないじゃないか、と感じることが多々あります。私は何度でも必要なことは指示を出して徹底させる主義なのですが、なかなか反応がない。先日もある問題について、営業幹部に『徹底しているか？』と聞くと『ええ、もう全員分かっています』と。ところで抜き打ちで調べてみると、彼の部下の６割５分しかわかっていない。次に店長たちに同じように試してみても、やっぱり同じ。上に立っている人間は、自分が言えば下は理解してくれているものだと、勝手に思い込む傾向が強いものです。だから徹底できないのです」

鈴木ほどの実力者がリードする組織でも、指示を出すだけでは中間管理職の意識と行動様式は変わらないということだ。

筆者は、鈴木の経営を否定しているわけではない。日本では指折りの優良な経営者だと高く評価している。しかし同じやり方を続けていると、必ずマイナス面が出てくるようになる。

たとえば、鈴木は指示を出すことによって現場を動かしてきた。また、現場の情報を誰よりも吸い上げている。しかし、指示を受けて仕事をする習性がついた現場の社員は、間違いなく指示待ち族になってしまう。

指示を受けての仕事では、生産性が上がらないばかりか、疲労度も高くなることは、堀場雅夫が指摘（131ページ）している通りだ。

ここでは、衰退の原因を３つに絞り込んだが、本書で書いたほかの「症候群」にも、病状の程度は別にして、罹患していた

と考えて間違いない。たまさか、「イトーヨーカ堂」を例にしたが、組織をダメにする「ツボ」は、他の衰退した企業とも共通している。

収益力を高めるための「ツボ」を押さえることが大事なことはいうまでもないが、一方で組織をダメにする「ツボ」に落ちないようにしないといけない。生き残るためには、「利のツボ」だけではなく、「害のツボ」も理解して経営することを心がけてほしい。

筆者は、1986年にフリーランスのライターとして独立して以来、一貫してテーマにしてきたことは、**「企業の持続的成長」**だ。ところが、企業経営を研究すればするほど、「終わりを全うする」ことの難しさに気づかされる。

一代で企業を立ち上げ名を残した経営者は数多くいるが、終わりを全うできなかった経営者もまた多い。首尾よく事業承継ができたとしても、そのあと衰退する企業も後を絶たない。

では、どうすれば持続的に成長できるのか？　その答えは中国古典『易経』にある。

「安きにありて危きを忘れず、存続しつつも亡びることを忘れず、治に居ても乱を忘れない。こうあってこそ、その身は安らかで国家の安泰を保ち得るのである」

これは孔子の言葉とされているが、これほど難しいこともない。業績のいい状況が続くと、どうしても気持ちが緩むし、現状に満足してしまいがちだ。

しかし、いい状況がいつまでも続かないことは歴史が証明している。景気そのものが循環するだけでなく、自然災害、国際紛争等々の影響で経済環境は悪化する。

189

筆者の記憶に残るだけで、「1971年：ニクソン・ショック」「1973年：オイル・ショック」「1985年：プラザ合意後の円高不況」「1993年：バブル崩壊」「1995年：阪神・淡路大震災」「2008年：リーマン・ショック」「2011年：東日本大震災」「2020年からのコロナ禍」「2022年：ロシアのウクライナ侵攻」があった。

　いい状況のときに、こんないい状況がいつまでも続くわけがないと考えて、危機に備えて、体質を強くすることが、持続的発展を可能にすると、筆者は確信している。

　出版に際しては、40年来の友小林良彦さんに本当にお世話になった。心より感謝している。

　筆者が主宰する「元気塾」のメンバーの励ましもあった。例会のたびに、私の考えを投げかけ、彼らの考えも聞かせてもらった。彼らの存在がなければ、この歳（74歳）まで現役で働く気力は出てこなかったと思う。多くの学兄たちにも感謝したい。

疋田　文明

疋田文明（ひきた　ふみあき）

1950年、奈良県生まれ。経営ジャーナリスト。日本交通公社(現JTB)勤務後、企業向けの各種セミナー企画会社を経て、1979年に「竹村健一未来経営研究会」を企画・設立して事務局長に就任。86年に独立。その後はフリーランスのライターとして企業経営の現場を歩き、当事者に直接取材し、企業と経営者のあるべき姿を探求してきた。いまは、元気印企業が増えることを願って、経営者のための会員制勉強会「元気塾」を中心に活動している。著書に『快社人間のすすめ』『自分で仕事を創りなさい』『どんな時代にも勝ち残る白亜の経営』『元気な会社の元気な経営』『中小企業経営―その実践』『人間学の宝庫 中国古典に学ぶ 人と組織のマネジメント』がある。

疋田文明 Official Site：https://www.hikita10.jp

収益力を高める「経営のツボ」これだけ！ノート

2025年4月15日　　初版発行

著　者　　疋田文明

発行者　　吉溪慎太郎

発行所　　株式会社アニモ出版

〒162-0832 東京都新宿区岩戸町12 レベッカビル
TEL 03(5206)8505　FAX 03(6265)0130
http://www.animo-pub.co.jp/

©F.Hikita 2025　ISBN978-4-89795-296-3
印刷・製本：壮光舎印刷　Printed in Japan

落丁・乱丁本は、小社送料負担にてお取り替えいたします。
本書の内容についてのお問い合わせは、書面かFAXにてお願いいたします。

アニモ出版 わかりやすくて・すぐに役立つ実用書

図解でわかる経営計画の基本 いちばん最初に読む本

神谷 俊彦 編著　定価 1760円

経営計画の目的、重要性、作成のしかたから、経営戦略の策定、計画達成のための実行管理のしかたまで、経営計画について知りたいことのすべてが、図解でやさしく理解できる本。

図解でわかる 経営戦略のしくみと活用法

野上 眞一 著　定価 1760円

経営戦略の基本のしくみから、事業戦略・機能戦略の実践的な使い方まで、経営者や役員なら知っておきたい経営手法について、図解とわかりやすい解説でやさしく理解できる本。

図解でわかる 経営分析の基本と見方・活かし方

城西コンサルタントグループ 監修　定価 1870円

決算書のしくみから、収益性・安全性・生産性・成長性・キャッシュフローの分析のしかたまで、経理・会計の知識がない人や数字が苦手な人でもやさしく理解できる入門実務書。

すぐに役立つ! 資金繰りで困る前に読む本

神谷 俊彦 編著　定価 1870円

資金計画・資金繰り表のつくり方から、金融機関からの融資の受け方、資金調達のやり方まで、資金繰りや資金管理の悩みに応えて、具体的な対処のしかたがやさしく理解できる本。

定価変更の場合はご了承ください。